Developing a Digital Mindset for
Digital Economy

数字经济与
数字化思维

赵 丹 ◎主 编

叶晓飞 李婷婷 郑灵芝 ◎副主编

ZHEJIANG UNIVERSITY PRESS
浙江大学出版社
·杭州·

图书在版编目（CIP）数据

数字经济与数字化思维 / 赵丹主编. -- 杭州 : 浙
江大学出版社, 2024. 11. -- ISBN 978-7-308-25478-6

Ⅰ. F492

中国国家版本馆 CIP 数据核字第 2024XC6483 号

数字经济与数字化思维

SHUZI JINGJI YU SHUZIHUA SIWEI

赵　丹　主编

责任编辑	陈丽勋　朱　辉
责任校对	葛　娟
封面设计	春天书装
出版发行	浙江大学出版社
	（杭州市天目山路148号　　邮政编码310007）
	（网址：http://www.zjupress.com）
排　　版	杭州林智广告有限公司
印　　刷	杭州捷派印务有限公司
开　　本	787mm×1092mm　1/16
印　　张	10
字　　数	185千
版 印 次	2024年11月第1版　2024年11月第1次印刷
书　　号	ISBN 978-7-308-25478-6
定　　价	32.00元

随着各类新兴数字技术的迅猛发展，数字经济正逐渐成为提升新质生产力的有效手段和有力保障。2021年1月，国务院发布的《"十四五"数字经济发展规划》提出数字经济是继农业经济、工业经济之后的主要经济形态。2024年7月，党的二十届三中全会审议通过的《中共中央关于进一步全面深化改革 推进中国式现代化的决定》提出，要加快构建促进数字经济发展体制机制，完善促进数字产业化和产业数字化政策体系。

在全球经济格局中，数字经济是各国综合国力的重要体现，是构建现代化经济体系的重要引擎。在此背景下，企业数字化转型已成为必然趋势，而是否拥有数字化转型思维成为企业能否把握机遇、实现创新发展的关键。数字化转型首先要从传统思维向数字化思维转变。不断提升数字思维能力，促进企业数字化转型的有效实施，从而进一步增强市场竞争力、实现可持续发展，是数字经济时代企业使命愿景背后的清晰战略考量。

数字经济的快速发展，迎来持续高涨的数字人才需求。加大对创新型数字人才的培育力度，提高数字人才教育质量和实践经验，为数字经济发展提供坚实的人才支撑，是当务之急。本书详细解析了数字化思维和数字经济这两个关键概念，使读者全面了解数字化思维和数字经济的重要性和应用场景；全面剖析数字经济的核心驱动力和关键要素，包括新兴科技与传统产业的融合、数字化转型的成功实践等，使读者了解数字化思维在其中的重要作用；深入分析数字化思维如何影响企业的商业模式、管理方式、决策过程等方面，并探索数字化思维在不同行业、不同规模企业中的应用情况。

本书可作为数字经济相关专业师生的参考用书，也可作为从事科技创新、数字化转型的专业技术人员或企业经营管理人员及企业数字化转型顶层设计和战略规划制定人员的培训用书。本书获得2022年教育部高等学校物流管理与工程类专业教学指导委员会教改教研课题（面上重点课题）的支持，特此致谢。

编者

2024年10月

第 1 章
新兴技术与数字化

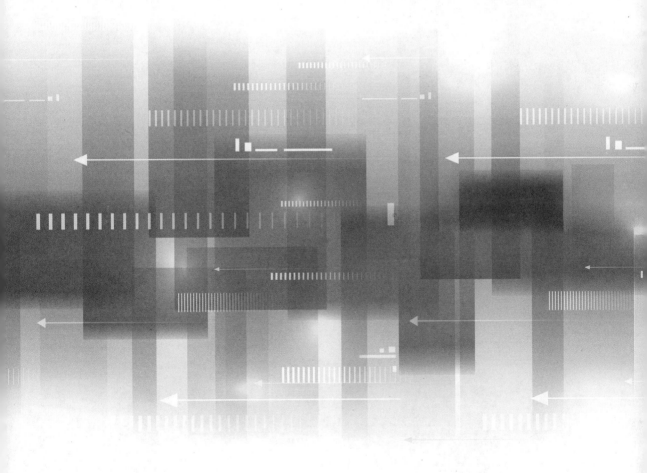

当今世界，信息化与数字化步伐不断加快，新兴技术为社会发展提供了创新动力，而数据作为核心要素连接着新兴技术与支撑整个数字化生态的基础设施。新兴技术、数据、基础设施三者相互关联，共同推动数字化的深入发展。

1.1 新兴技术的崛起

1.1.1 技术变革的全球趋势

进入 21 世纪以来，新兴技术的变革以不可思议的速度推动着人类社会的进步，引领着第四次工业革命。人工智能、物联网、区块链、大数据等技术在金融、医疗、教育、农业等社会生活的各个领域中发挥着越来越重要的作用。技术加快迭代，是科技进步、市场需求、政策支持等多方面因素共同作用的结果。

科技进步是推动技术快速发展的核心动力。随着科学研究的不断深入和知识积累的增加，人类对自然规律的理解能力和掌控能力不断提升。这为新技术的研发和应用提供了理论基础和实现手段。例如，人工智能技术的快速发展便是得益于计算机在算力、算法和大数据分析等领域的突破。

市场需求也是推动技术快速发展的关键因素。随着社会与经济的发展，人们对产品和服务的需求越来越多样化、个性化。为了满足市场需求，企业需要不断创新和改进技术，提供更好的产品和服务。例如，物联网技术的快速发展满足了人们在智能家居、智慧城市等领域的迫切需求。

"市场如同一只看不见的手"，这是英国经济学家亚当·斯密在《国富论》中发表的一个经典比喻[1]，用来描述如图 1-1 所示的市场供需机制在资源配置中的重要作用。在数字化引领技术变革的背景下，这个比喻同样适用，并且具有更深的含义。技术变革的推动力很大程度上来自市场需求。以智能手机为例，随着数字化时代的到来，人们对于更快、更便捷、更智能化的手机产品和应用服务的需求日益增长。这种市场需求为相关企业提供了创新的动力，促使它们不断研发新技术、推出新一代产品。而市场的竞争机制则使得这些技术产品不断优化，最终形成符合消费者需求的技术产品和服务。在数字化市场中，产品的质量、价格、性能等方面的信息更加透明，消费者可以根据自己的需求进行选择。这种竞争机制同样促使企业不断优化自身的技术和服务，以满足市场需求。同时，市场机制还可以通过价格机制对资源进行合理配置，引导资源向更有价值的领域流动。

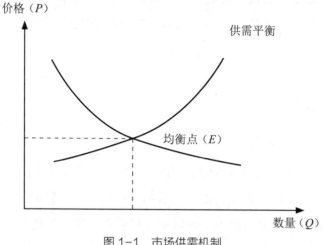

图 1-1　市场供需机制

　　然而在数字化引领技术变革的过程中，仅仅依靠市场机制是不够的。政府的作用也非常重要。政府可以通过制定法规、提供资金支持、建立研发平台等方式引导和促进技术的发展，同时还需要加强监管，以确保市场的公平竞争和技术安全。例如，许多国家的政府都在推动人工智能技术的发展，通过制定发展规划、提供资金支持、建立合作的平台等方式，为人工智能技术的研发和应用提供了有力支持。2018 年，我国中央经济工作会议做出"加快 5G 商用步伐，加强人工智能、工业互联网、物联网等新型基础设施建设"倡议。[2]目前我国 5G（第 5 代移动通信技术）商用已经成果斐然，在网络覆盖率、用户规模、行业应用成熟度等多个方面达到世界领先水平。近年来，我国政府通过简化审批流程、降低市场准入门槛、加强知识产权保护等措施，努力营造开放、包容、创新的市场环境，激发企业和个人的创新活力，推动新兴技术不断涌现和快速发展。

　　此外，全球经济和文化的交流与合作也促进了技术的快速发展。不同国家和地区之间的技术交流和合作，使得技术得以快速传播和应用。这种跨文化、跨领域的交流与合作，为新技术的研发和应用提供了更广阔的思路和资源。

　　最近几年，随着新兴技术的不断涌现和普及，消费者的认知也发生了显著的变化。这些变化不仅促进了新兴技术的变革和发展，还推动了整个社会经济的进步。例如在人工智能技术日益广泛应用的背景下，消费者对人工智能技术的认知也在不断加深。在新兴技术刚刚兴起时，大部分消费者对人工智能技术可能持有一定的好奇心，但对其具体的应用价值和使用方式并不十分了解。在这一阶段，消费者对新技术持有一种观望和试探的态度。随着人工智能技术的不断发展与普及，人们开始了解并认识到人工智能在语音识别、图像识别、自然语言处理等领域的应用价值。这种认知的提升促使消费者对使用人工智能技术的产品和服务产生了更高的期待与需求，推动了人工智能技术的快速发展和创新。因此，在科技进步和社会发展的同时，消费者对新兴技术的接受度也在不断提高。他们愿意尝试并使用新技术，享受新技术带来的便利和乐趣。这种开放和接受的态度为新兴技术的推广与应用提供了良好的社会环境和市场需求。此外，人们也更加关注个人信息和隐私的保护。这种认知的变化促使企业在开发新技术和新产品时更加注重数据安全与隐私保护，推动了相关技术的创新和发展。

1.1.2 新兴技术如何影响社会与经济

新兴技术对社会和经济产生了深远的影响，正在改变生产方式、消费模式和商业模式。随着电子商务的发展，电商客服、电商物流管理等新兴职位逐渐取代传统零售业的收银员、售货员等岗位。电商直播等新一代商业模式发展迅速。在消费行为方面，人脸支付、指纹支付、数字人民币等线上支付模式既安全又环保。依托微信、抖音、脸书（Facebook）等社交媒体，人们可以通过互联网与世界各地的人进行交流，腾讯视频会议、钉钉等软件让人们无须面对面，即可进行商务会议。在医学领域，虚拟现实技术可以帮助医生进行手术训练，提高手术精准度。在教育领域，依托中国大学慕课（MOOC）、智慧树、超星学习通等线上学习平台，师生可以突破传统教育门槛，获取海量的教育资源。

据我国国家互联网信息办公室统计的数据，2022 年我国的数字经济规模已达50.2 万亿元，同比名义增长 10.3%，占国内生产总值（GDP）的比重为 41.5%。[3]虽然我国已是数字大国，但是与作为世界发达国家的一些数字强国相比，我国的数字经济依旧存在很多问题，在高端芯片、云计算、操作系统等核心技术层面仍然存在被一些国家"牵着鼻子走"的短板，总体呈现出大而不强的发展局面。数字经济需要大量的技术人才、管理人才和营销人才等作为产业支撑。而我国的高等院校在近几年才开始设立人工智能、大数据、网络安全等专业，目前在新兴技术方面仍存在巨大的人才缺口。因此，需要加强人才培养和引进工作，加强核心技术研发能力，更好地应对国际竞争并保持自身优势。

但不可否认的是，新兴技术的发展也带来了一些挑战和问题。例如，数据安全、隐私保护、就业结构变化、社会伦理等问题日益突出。2018年，南方科技大学贺建奎副教授宣布一对名为露露和娜娜的基因编辑婴儿在中国健康诞生。这对双胞胎的一个基因（CCR5）经过修改后，她们出生后即能天然抵抗艾滋病病毒。[4]这个实验引发了关于基因编辑技术的伦理和法律问题的广泛讨论。许多专家和机构表示，这次实验违反了伦理和法律规定，因为该实验没有经过充分的伦理审查和批准，也没有确保参与者的知情同意。此外，该实验还引发了关于基因编辑技术可能被滥用于创造"设计婴儿"或"优生学"等问题的担忧。经过调查和法律程序，贺建奎等三名被告人因共同非法实施以生殖为目的的人类胚胎基因编辑和生殖医疗活动，构成非法行医罪，分别被依法追究刑事责任。该事件凸显了新兴技术伦理道德的重要性，并提醒人们谨慎对待这些技术，以确保它们的发展和使用符合人类的价值观与利益。因此，在享受新兴技术带来的便利和机遇的同时，我们也需要关注这些挑战和问题，并采取有效的措施加以应对。

新兴技术对社会和经济发展的影响是复杂而深远的，它们不仅改变了我们的生活方式和工作模式，还推动了经济增长和转型升级，同时也带来了一系列挑战与问题。在未来，随着技术的不断进步和应用领域的不断拓展，新兴技术将发挥更加重要的作用，为社会与经济的发展注入新的活力和动力。

1.1.3 新兴技术的未来发展方向

随着科技的不断发展，新兴技术的未来发展方向是我们需要关注的重要问题。了解未来的技术趋势，有利于我们更好地应对未来的挑战，抓住机遇。2023年6月，在天津举行的夏季达沃斯论坛公布了《2023年十大新兴技术报告》。报告揭示了在未来三到五年内将对世界产生重大影响的十大新兴技术，如表1-1所示。[5]

表 1-1　2023 年十大新兴技术

序号	技术名称	技术解读
1	柔性电池 	随着目前市面上越来越多的折叠屏产品和微型产品的出现，传统的硬性电池难以适应未来产品的发展，一种柔性可折叠的电池随之出现。目前，LG 化学、三星 SDI、苹果、诺基亚、意法半导体等公司正在积极开发和商业化柔性电池技术，试图尽早抢占这片蓝海市场。
2	生成式人工智能 	生成式人工智能是指利用复杂的算法、模型和规则，从大规模数据集中学习，以创造新的原创内容的人工智能技术。它可以生成文本、图片、声音、视频和代码等多种类型的内容，全面超越了传统软件的数据处理和分析能力。目前流行的 ChatGPT（生成式预训练转换器）就是生成式人工智能的典型代表。在未来，随着技术的不断进步和应用场景的不断拓展，生成式人工智能将在更多的领域得到应用，为社会带来更多的创新和价值。
3	可持续航空燃料 	可持续航空燃料（sustainable aviation fuel，SAF）是一种可再生、低排放的燃料，用于替代传统的化石燃料。它是由废弃的动植物油脂、油料，使用过的食用油，城市生活垃圾和农林废弃物等可再生原料制成的。相较于传统的航空燃料，SAF 在燃烧过程中产生的二氧化碳、氮氧化物等污染物更少，对环境的影响更小。SAF 的生产和使用有助于减少航空业对化石燃料的依赖，降低碳排放，从而减缓全球气候变化的影响。根据国际民用航空组织（ICAO）的数据，到 2050 年，SAF 将需要满足国际航空运输中一半以上的燃料需求，以实现航空业的碳中和目标。

续表

序号	技术名称	技术解读
4	工程噬菌体 04 Designer phages Engineering viruses to augment human, animal and plant health.	工程噬菌体是一种经过基因工程改造的噬菌体,用于治疗细菌感染或作为基因传递工具。它通过感染细菌并将其基因组注入其中,然后利用细菌的复制系统来复制并产生新的噬菌体,最终杀死细菌。工程噬菌体的应用范围很广,包括治疗细菌感染、基因疗法、疫苗开发等领域。
5	元宇宙与心理健康 05 Metaverse for mental health Shared virtual spaces to improve mental health. 	虽然过度沉迷于虚拟世界会损害心理健康,但在合理使用的前提下,通过增强现实(augmented reality, AR)或虚拟现实(virtual reality, VR)的元宇宙虚拟共享空间可以帮助心理疾病患者缓解焦虑症,增强幸福感。
6	植物传感器 06 Wearable plant sensors Revolutionizing agricultural data collection to feed the world. 	植物传感器是一种能够感知植物生长环境的装置,通过内置的传感器监测土壤中的水分、养分、温度等参数,并根据植物的需求提供适量的水分和养分,以促进植物的生长。同时,植物传感器还可以监测植物叶子的颜色、形状和大小等,以及植物的病虫害状况,以便及时采取措施保护植物。植物传感器的应用可以帮助我们更好地了解植物的生长过程和需求,为植物生长提供更好的条件,同时也可以提高农业生产的产量和品质。

序号	技术名称	技术解读
7	空间组学	空间组学是一种新兴的生物学技术，它利用高通量测序和高分辨率成像等技术，对组织与器官中的基因和蛋白质进行空间定位与定量分析，以揭示生命活动的空间结构和功能。根据2021年的数据统计，空间组学市场的总价值已经达到了2.3亿美元，并且预计到2030年，这一数值将增长至5.8亿美元。越来越多的上市公司和私营公司开始寻求提供空间组学的解决方案，以应对这一领域的巨大市场需求。
8	柔性神经电子学	柔性神经电子学是一个新兴的技术领域，涉及可拉伸电子学、可剪裁电子学和智能感知等技术。它旨在开发出能够适应生物体表面形态变化的电子设备，以实现更为精准的神经监测和干预。柔性神经电子学的应用场景非常广泛，包括脑机接口、神经刺激器、智能感知等。其中，脑机接口可以实时监测脑电信号，实现人脑与计算机之间的信息交流；神经刺激器则可以用于治疗神经系统疾病，如帕金森病、癫痫等；智能感知则可以用于智能机器人、智能家居等领域，实现人机交互。
9	可持续计算	在全球能源消耗的背景下，数据中心占据了约1%的产电量，这引发了对可持续计算技术的迫切需求。可持续计算作为一种综合性技术策略，致力于通过创新性地结合和整合新兴技术，推动零能耗数据中心的实现。针对热管理问题，该研究领域已着手开发液冷系统，该系统利用水或绝缘冷却剂进行散热，并将废热再利用于空间供暖、热水供应及工业流程等。

续表

序号	技术名称	技术解读
10	人工智能辅助医疗 	人工智能辅助医疗的应用范围不断拓展，包括但不限于医学影像分析、诊断辅助、手术辅助、药物研发、健康管理和慢性病管理等等。

人类社会发展至今，科学技术从未像今天这样深刻地影响着人们的生活。无论是社交、购物还是工业制造、医疗健康，人们都享受着由现代科技构筑的数字化信息空间。但是在新兴技术更新迭代频率日渐加快的同时，一些数字伦理问题也逐渐引发了人们的担忧。在企业层面，过度或者非法采集相关信息的事件时有发生；在个人层面，男女老少过度沉迷于短视频以至于在日常生活中注意力涣散、分不清虚拟和现实的情况也屡见不鲜。因此，新兴技术的未来发展也应更加注重伦理原则，避免过度或者非法采集信息等侵犯个人隐私和权益的行为。企业应该遵守相关法律法规，建立完善的隐私政策和数据保护措施。新兴技术应该更好地服务于人类，而不是成为控制和操纵人类的工具。未来的技术发展应该更加关注社会影响，努力消除数字鸿沟，促进信息的有序传播，避免信息泛滥对个人和社会造成不良影响。政府应该加强对新兴技术的监管，完善法律保障体系，确保技术的合法、安全、可控。

1.2 数据：来源、采集、应用

1.2.1 数据在数字化中的重要性

信息化的核心在于实现管理流程的线上化，注重优化企业管理运行，提高企业运营的效率。数字化的作用则更为深入。数字化是利用数字技术来打通数据的全链路，实现业务模式的全方位重塑。这不仅关乎技术的革新，更在于从根本上提升企业的核心竞争力。从某种程度上讲，企业的数字化转型实际上是一场围绕数据价值的深刻变革。数字化转型不仅是技术层面的转型，更是数据驱动下对企业业务、组织、流程、产品和商业模式等的全方位变革。

在数字化时代，数据已经成为企业运营和决策的关键因素。企业在完成全面信息化的基础上，通过数据这一关键生产要素，推动形成新业务、新业态、新模式。据统计，到2025年，全球数据总量预计将达到175 ZB（1 ZB=1万亿GB），而中国的数据总量将达到48.6 ZB，成为全球最大的数据圈。[6]数据的重要性在于它能够提供对业务运营、市场趋势和消费者行为的洞察，从而帮助企业做出更好的决策。数据的质量、来源、处理和应用等方面都将对一个企业的发展产生深远的影响。

在现代商业环境中，数据已经成为企业运营和决策的核心要素。无论是进行市场分析、制定营销策略，还是优化生产流程、提升服务质量，都离不开数据的支持。因此，数据的质量问题显得尤为重要。准确、可靠的数据不仅能够为企业提供深入的洞察，帮助企业洞察市场趋势、消费者需求以及业务运营状况，还能够指导企业做出更加精准、科学的决策。反之，如果数据质量不高，存在着错误、遗漏或者偏差，那么基于这些数据所做出的分析结果也就难以保证准确性。不准确的分析结果很可能导致企业决策失误，给企业带来不可估量的损失。例如，如果市场分析数据不准确，企业可能会误判市场需求，从而制定出不切实际的营销策略；如果生产流程监控数据不精确，企业可能会盲目扩大生产规模，导致库存积压和资源浪费。因此，保证数据质量对于企业的正常运营和持续发展至关重要。为了实现这一目标，企业需要采取一系列措施来确保数据的准确性、完整性和可靠性。首先，企业需要建立完善的数据治理体系，明确数据管理的责任和义务，规范数据的采集、存储、处理和使用流程。通过制定严格的数据管理政策和流程，企业可以确保数据在各个环节都得到有效监控和管理，减少数据错误和偏差的发生。其次，企业需要制定数据质量管理标准，对数据的质量进行定期评估和监控。这些标准可以包括数据的准确性、完整性、一致性、时效性等方面，通过设定合理的阈值和指标，企业可以及时发现并解决数据质量问题。同时，企业还可以利用先进的技术手段，如数据挖掘、机器学习等，对数据进行清洗、整合和校验，进一步提高数据的质量。最后，企业还需要加强员工的数据意识和技能培训。只有当员工充分认识到数据质量的重要性，并具备相应的数据处理和分析能力时，才能够更好地保证数据的质量。因此，企业需要定期开展数据质量教育和培训活动，提升员工的数据素养和专业技能。

数据的来源对于数据质量和真实性具有至关重要的影响。企业在进行数据收集时，应当从多个渠道、多个层面进行考量，确保数据的全面性和准确性。这些数据源不仅包括企业内部系统，如企业资源计划（enterprise resource planning，ERP）、客户关系管理（customer relationship management，CRM）等，还包括外部的各种数据源，如社交媒体、用户行为数据、市场调研数据等。首先，企业内部系统是企业获取数据的主要渠道之一。这些系统记录了企业日常运营中的各类数据，如销售数据、库存数据、财务数据等。通过深入挖掘这些数据，企业可以了解自身的运营状况、市场需求以及消费者偏好等信息。然而，由于企业内部系统可能存在数据孤岛、数据口径不一致等问题，因此，在利用这些数据时，企业需要进行数据整合和清洗，确保数据的准确性和一致性。其次，外部数据源也是企业获取数据的重要途径。用户在社交媒体上发布的言论、图片、视频等，可以反映出消费者的真实需求和情感倾向；用户行为数据可以帮助企业了解消费者的购物习惯、偏好等；市场调研数据则可以为企业提供更加宏观的市场趋势和消费者洞察。然而，外部数据源也存在着数据质量参差不齐、数据真实性难以保证等问题。因此，在利用这些数据时，企业需要谨慎选择数据源，并采用合适的数据清洗和验证方法，确保数据的真实性和可靠性。在获取数据后，企业应对数据进行仔细甄别和筛选。这包括对数据的真实性、有效性、相关性等方面进行评估，以筛选出有价值的数据。同时，企业还需要对数据进行整合和分析，以更加全面地了解市场和消费者需求。例如，通过整合社交媒体数据、用户行为数据和市场调研数据，企业可以了解消费者的购物习惯、偏好、情感倾向等信息，从而制定更加精准的营销策略和产品策略。此外，企业在利用数据时还需要注意数据的时效性和动态性。市场环境和消费者需求是不断变化的，因此，企业需要及时更新数据并调整策略以适应市场的变化。同时，企业还需要建立数据反馈机制，对策略执行的效果进行监控和评估，以便及时调整和优化策略。

数据的应用是数字化时代的核心。在数字化时代，数据的应用已经渗透到企业的各个角落，成为推动企业发展的核心动力。企业需要充分利用数据，将其应用于实际业务中，以更好地服务客户、开拓市场、优化产品设计和提高运营效率。首先，数据在客户管理中发挥着重要作用。通过收集和分析客户数据，企业可以深入了解客户的需求和偏好，从而提供更加个性化的服务。例如，根据客户的购买历史和行为模式，企业可以为客户推荐相关的产品或服务，提高客户满意度和忠诚度。同时，企业还可以通过数据监测客户的反馈和投诉，及时发现并解决问题，提升客户体验。其次，数据在市场营销中扮演着至关重要的角色。通过对市场数据的挖掘和分析，企业可以了解市场趋势和竞争态势，为营销策略的制定提供有力支持。例如，通过分析消费者的行为数据和社交媒体数据，企业可以洞察消费者的购物习惯和偏好变化，从而调整产品定位和营销策略。此外，数据还可以帮助企业精准定位目标客户群体，提高营销活动的针对性和效果。再次，数据在产品研发中也发挥着不可忽视的作用。通过收集和分析用户反馈和市场数据，企业可以了解用户对产品的需求和期望，为产品设计和改进提供依据。例如，在产品设计阶段，企业可以利用数据分析工具对用户需求进行量化和可视化展示，帮助设计师更好地理解用户需求并进行设计优化。在产品上市后，对产品性能进行评估和改进，提升产品竞争力。随着市场环境的不断变化，企业需要不断创新数据应用的方式以适应新的挑战和机遇。例如，在数字化时代，企业应更加注重数据的实时性和动态性，通过引入大数据、人工智能等先进技术，实现数据的实时分析和预测。同时，企业还应关注数据的安全性和隐私保护问题，确保数据应用符合法律法规和道德规范。

1.2.2 数据采集的方法与应用

数据采集是数据处理和应用分析的第一步，它涉及从各种来源获取数据，并将其转化为适合分析和处理的格式。这个过程包括确定数据来源、选择合适的数据收集方法，以及将数据从原始格式转换为结构化或标准化的形式。在数据采集的过程中，数据来源可以非常多样化，包括数据库、文件、网络、传感器、用户输入等。数据采集方法则取决于数据来源的特点和所需数据的类型。例如，对于数据库数据，可以通过查询语言[如 SQL（Structured Query Language，结构化查询语言）]来提取；对于网络数据，可以使用爬虫技术从网页来抓取；对于传感器数据，则可能需要专门的接口和协议来接收。

数据采集是数据质量的源头。如果数据采集过程不规范或存在错误，那么后续的数据处理和分析结果也将受到影响。因此，数据采集需要确保数据的准确性、完整性、一致性和可靠性。随着数字化进程的加速，数据量也在急剧增加。如何有效地采集、存储和应用这些数据成为一个重要的问题。其中，数据采集是数字化的基础性工作，目前的采集方式主要包括手动采集、网络爬虫采集、传感器采集、数据库与文件日志采集等。表 1-2 汇总了四种常见的数据采集模式的特点与适用场景。

表1-2 不同数据采集方式的特点与适用场景

采集方式	特点	适用场景
手动采集	通过人工方式从各种渠道搜集数据，虽然效率低下且容易出错，但灵活性高，可以根据需要选择性地采集数据。	适用于数据量较小，数据结构简单，无须使用自动化工具进行大规模的数据采集时，或者需要定制化采集的场景。例如个人或小型团队的研究项目需要从网页、社交媒体等渠道获取少量数据的场景。
网络爬虫采集	高效、实时、定制性强、抓取的数据能以结构化的格式存储，方便后续处理和分析。但数据质量难以保证，可能抓取大量无关或重复信息，部分网站存在反爬虫机制，未经网站所有者同意，擅自使用爬虫采集数据可能涉及法律问题。	适用于互联网舆情监控、竞品分析等大规模数据采集的场景；股票市场分析、新闻聚合等需要即时获取最新数据的场景；需要定制化采集的场景；学术研究、行业调查等需要特定数据采集的场景。
传感器采集	实时性强，数据采集精度高，自动化程度高，可降低人工干预率和错误率。适用范围广，可监测温度、湿度、压力、光照等各种物理量，适用于各种行业和领域。高端传感器通常价格较高，增加了数据采集的成本。需要定期校准和维护，以确保数据的准确性和可靠性。传感器产生的数据量可能较大，需要高效的传输和数据处理系统。	适用于环境监测、工业控制、智能家居等需要即时响应的场景；科学研究、医疗器械、精密制造等需要精确测量的场景；物流跟踪、供应链管理等需要自动化数据采集的场景；农业监测、气象观测等需要同时监测多种物理量的场景。
数据库与文件日志采集	数据库采集可获得各种类型和格式的数据，可以更全面地了解市场和用户需求，同时具有实时化、自动化的优点。日志采集有助于通过分析和诊断应用程序与系统的日志数据，更好地了解其运行状态和错误情况，从而更快速地发现、定位和解决问题。数据来源的不确定性，可能会导致收集到的数据不准确、不完整或不一致。使用高级数据采集工具和技术需要投入大量资金，此时需要雇用专业人员来管理和维护。日志文件可能存在误报和重复报警的情况，此时需要进行筛选和处理。	数据库采集适用于电商平台、社交网络等需要大量、高效、实时数据采集的场景。日志采集适用于需要对应用程序和系统的运行状态、错误情况、安全事件等进行监控和分析的场景。如互联网公司、大型企业等需要对大量的用户访问和操作进行监控与分析，以便及时发现和解决问题。

1.3 数字化的基石：基础设施

1.3.1 基础设施在数字化中的作用

数字基础设施在数字化中起底层支持作用，是数字化经济赋能实体经济的重要抓手。[7]数字基础设施由基础架构、数据中心、通信网络、能源设施等组成。其中，基础架构包括软件和硬件设备，为其他数字化应用提供运行环境。数据中心是集中存储、处理、传输数据的场所，是各类数字化应用运行的载体。通信网络是连接各个数字化应用的桥梁，保障信息的实时传输。能源设施则为数字化应用提供电力、制冷等能源保障，是保障数字化应用稳定运行的关键。如果没有完善的基础设施，数字化进程必将受到限制。进入21世纪以来，我国政府高度重视数字化发展，重视基础设施在推动数字化赋能落地中的作用。表1-3梳理了自2002年以来我国政府在数字基础设施建设方面的战略规划情况。

表1-3　我国政府在数字基础设施建设方面的战略规划情况

年份	文件名	主要内容
2002	《国民经济和社会发展第十个五年计划信息化重点专项规划》	第一个国家信息化规划，回顾"九五"以来信息化建设成果，提出优先加快建设信息网络基础设施。
2006	《2006—2020年国家信息化发展战略》	到2020年，我国信息化发展要达到综合信息基础设施基本普及。
2013	《"宽带中国"战略及实施方案》	到2015年，初步建成适应经济社会发展需要的下一代国家信息基础设施，将部署宽带上升为国家战略。
2015	《中共中央关于制定国民经济和社会发展第十三个五年规划的建议》	实施"互联网+"计划，发展物联网技术与应用，实施国家大数据战略，超前布局下一代互联网。
2020	《中华人民共和国国民经济和社会发展第十四个五年规划和2035年远景目标纲要》	瞄准人工智能、量子信息、集成电路、生命健康、脑科学、生物育种、空天科技、深地深海等前沿领域，实施一批具有前瞻性、战略性的国家重大科技项目，对新型基础设施建设发展提出新要求。
2022	《高举中国特色社会主义伟大旗帜 为全面建设社会主义现代化国家而团结奋斗——在中国共产党第二十次全国代表大会上的报告》	加快发展数字经济，促进数字经济和实体经济深度融合，打造具有国际竞争力的数字产业集群。优化基础设施布局、结构、功能和系统集成，构建现代化基础设施体系。

续表

年份	文件名	主要内容
2023	《算力基础设施高质量发展行动计划》	从计算力、运载力、存储力、应用赋能四个方面提出了到 2025 年的发展量化指标。
2024	《"数据要素 ×"三年行动计划（2024—2026 年）》	选取工业制造、现代农业、商贸流通、交通运输、金融服务、科技创新、文化旅游、医疗健康、应急管理、气象服务、城市治理、绿色低碳等 12 个行业和领域，推动发挥数据要素乘数效应，释放数据要素价值。

从 2002 年的《国民经济和社会发展第十个五年计划信息化重点专项规划》到 2024 年的《"数据要素 ×"三年行动计划（2024—2026 年）》，我国政府在信息化建设方面一直保持高度的重视和持续的投入。这些规划或战略不仅提出了明确的发展目标，还针对不同阶段的技术和市场环境制定了相应的行动计划。

总的来看，我国政府在信息化建设方面表现出了长期的规划和前瞻性的布局。这不仅体现在对基础设施建设的持续投入上，还体现在对前沿科技领域的深入研究和布局上。信息化建设的重点在不断演变，从最初的加快信息网络基础设施建设，到后来的发展物联网技术与应用、实施国家大数据战略，再到现在的瞄准前沿科技领域、发展数字经济和释放数据要素价值，中国信息化建设的重点随着技术和市场的变化而不断调整和深化。无论是提出"宽带中国"战略，还是实施"互联网+"计划，或是打造具有国际竞争力的数字产业集群，中国政府在信息化建设过程中始终注重与经济社会发展的紧密结合，以信息化推动现代化，以信息化促进经济社会的全面进步。

1.3.2 云计算平台的发展与影响

云计算平台的发展可以追溯到 21 世纪初[8]，当时主要集中在基础设施层面，提供虚拟机、存储和网络等资源。随着技术的不断发展，云计算平台逐渐扩展到平台和软件层面，为企业提供更加全面和灵活的服务。云计算的服务模式分为基础设施即服务（Infrastructure as a Service，IaaS）、平台即服务（Platform as a Service，PaaS）、软件即服务（Software as a Service，SaaS）三种。

（1）IaaS

IaaS 提供计算、存储和网络等基础设施服务，用户可以通过云平台获得虚拟机、存储空间和网络资源等。IaaS 的优势在于灵活性、可扩展性和按需付费，用户可以根据需求自由配置和使用资源。

（2）PaaS

PaaS提供应用程序开发和部署的平台，用户可以使用云平台上的开发工具、运行环境和数据服务等。PaaS的优势在于简化了应用程序的开发和部署过程，提高了开发效率和应用性能。

（3）SaaS

SaaS提供软件应用程序的在线服务，用户可以通过云平台使用软件应用程序，数据也保存在云端。SaaS的优势在于方便易用、数据同步和多设备支持，用户无须安装软件，即可随时随地使用。

图1-2描画出了一个典型的云计算架构平台。用户通过手机、电脑等终端，使用客户端软件就能访问超大规模的云计算存储资源。云平台服务提供商通过用户交互层对各用户进行资源分配与访问控制。虚拟主机能将用户从计算机硬件资源的管理负担之中解救出来，不必在意真实主机的位置、容错与日常维护等。

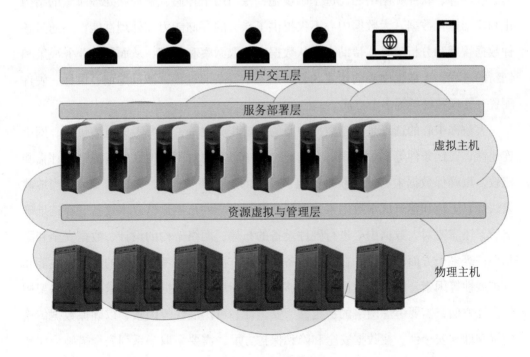

图1-2 云计算架构平台

通过云计算平台，企业无须购置昂贵的硬件存储设备，且可以根据业务需要灵活地购买所需的计算资源，快速调整计算规模。云计算平台还带有数据加密功能，在提高企业运作效率的同时也保障了数据的安全性。但是在实际运营中，要注意选择具有良好声誉和安全保障的云服务提供商，确保数据的安全和隐私保护。要实施严格的访问控制策略，限制对数据的访问权限，避免数据泄露风险。要对云服务提供商进行定期的安全审计，确保其符合安全标准和合规要求。

目前，许多企业选择将私有云和公有云的优势结合起来，以混合云的方式实现数据的灵活性和安全性。[9]云计算已经不仅仅是计算能力的存储设施，还演变为利用云计算平台的大规模计算资源，加速人工智能的应用和发展，将计算资源向数据源靠近，降低数据传输延迟和提高处理效率。企业要利用区块链技术的去中心化和可追溯性等特点，提高云计算平台的安全性和可信度。未来，云游戏、虚拟现实、增强现实等将成为云计算的热门发展方向。

1.3.3 大数据中心的构建与管理

大数据中心作为企业数据管理和应用的核心设施，具有至关重要的地位。它是集成了硬件、软件和网络的先进基础设施，专门用于存储、管理和处理海量的结构化和非结构化数据。大数据中心不仅提供了强大的存储能力和处理性能，还通过各种数据管理和分析工具，帮助企业从数据中获取洞察和价值，从而推动业务决策和创新的进程。大数据中心的构建和管理是一个复杂的过程，涉及选址、设计、硬件配置、管理和维护等多个方面。

大数据中心的选址是构建数据中心的重要步骤之一，需要考虑电力供应、网络连通性、气候条件等多种因素。在选址过程中，需要对不同地区的资源进行评估和比较，以确保数据中心能够获得稳定、可靠的运行环境；同时，还需要考虑当地政策法规、土地和建筑成本等因素，以确保数据中心的长期运营成本效益。在选址确定后，还需要对大数据中心进行硬件设备的布局、网络架构的设计、数据安全和隐私保护等多个方面的设计。在硬件设备的布局方面，需要考虑设备的容量、性能和可扩展性等因素，以确保数据中心能够满足不断增长的数据处理需求。在网络架构的设计方面，需要考虑网络的稳定性、安全性和可扩展性等因素，以确保数据传输的可靠性和安全性。在数据安全和隐私保护方面，需要采取一系列安全措施，如加密技术、访问控制等。

大数据中心的硬件配置是构建数据中心的另一个重要步骤，需要考虑到多个因素，如服务器的选择、存储设备的配置、冷却系统的设计等。在服务器的选择方面，需要考虑服务器的性能、可扩展性和可靠性等因素，以确保服务器能够满足数据处理的需求。在存储设备的配置方面，需要考虑存储容量、读写速度和可扩展性等因素，以确保数据存储的可靠性和可维护性。在冷却系统的设计方面，需要考虑数据中心的散热需求和节能环保要求，以确保数据中心的正常运行和节能减排。

大数据中心建立和配置完毕后，还需要对其进行管理和维护以确保大数据中心稳定运行。大数据中心的管理是一个综合且复杂的过程，涉及数据管理、安全管理、性能监控以及硬件和软件的维护等多个方面。首先，数据管理是大数据中心管理的核心。要确保数据的安全性、完整性和可用性，需要制定合理的数据管理策略，包括数据分类、存储周期、备份频率等；同时，还需要建立数据访问控制和权限管理机制，确保只有授权人员才能够访问和操作数据。其次，在安全管理方面，大数据中心需要采取防火墙、入侵检测、数据加密等多重安全措施，以防止数据泄露、非法访问和恶意攻击。此外，还需要定期进行安全漏洞扫描和风险评估，及时发现并处理安全隐患。再次，性能监控是大数据中心管理的重要环节。通过监控大数据中心的硬件和软件性能，包括中央处理器（CPU）使用率、内存占用率、网络带宽等，可以及时发现性能瓶颈和故障，并进行相应的优化和调整。性能监控还可以帮助大数据中心预测未来的资源需求，为扩容和升级提供依据。最后，硬件和软件的维护是确保大数据中心稳定运行的关键。需要定期进行硬件巡检、软件更新和补丁安装等，以保持设备的良好状态和系统的最新性。同时，还需要建立故障处理机制，对发生的故障进行快速响应和处理。除了以上几个方面，大数据中心还需要建立完善的运维流程和规范，明确各项工作的责任人和执行标准；同时加强团队建设和培训，提高运维人员的技能水平和专业素养。综上，科学有效的管理能够确保大数据中心的稳定运行和高效服务，为企业的数据管理和应用提供有力保障。

本章课件

第 2 章
数字经济与数字化转型

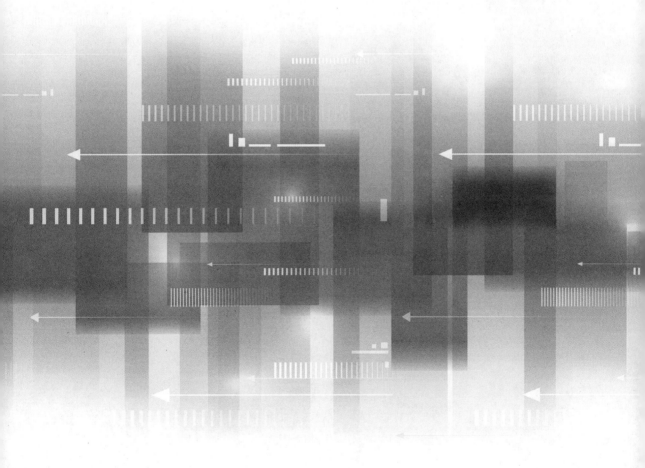

2.1 数字经济的概念与特征

2.1.1 数字经济的概念

　　如图 2-1 所示，数字经济的概念伴随着个人计算机的发明和使用而逐渐兴起。数字经济起源于 20 世纪 70 年代左右，当时的数字经济以数字嵌入技术和数字内容产品的产生为代表。在 20 世纪 90 年代，数字经济迎来了快速成长期，逐渐形成了基本的数字技术支持体系。进入 20 世纪末期之后，全球数字经济走向崛起阶段，数字产品交易与应用不断拓展，全球数字经济从技术向市场迈进。[10]

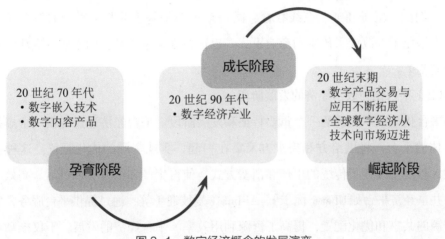

图 2-1　数字经济概念的发展演变

　　随着数字经济的火热发展，各行各业对数字经济的提法越来越多。我国关于数字经济的学术研究最早可追溯至 1994 年袁正光发表的关于数字经济的自然辩证法研究。[11]进入 21 世纪以来，随着互联网的发展，以互联网为依托的电子商务等新经济形式被普遍认为是数字经济。[12]二十国集团领导人第十一次峰会（又称 G20 杭州峰会）发布的《二十国集团数字经济发展与合作倡议》把数字经济定义为一种关注关键生产要素、载体和提升效率等方面的广泛经济活动。中国信息通信研究院则在《中国数字经济发展白皮书（2020 年）》中提出，数字经济是一种经济形态。[13]

　　系统来看，数字经济是在信息技术快速发展的背景下产生的，它以数字化为核心驱动力，以数据为关键生产要素，以网络化、智能化为主要特征。数字经济通过互联网、大数据、人工智能等新一代信息技术，实现经济社会的数字化、网络化、智能化发展，重构经济社会发展模式，推动经济结构的优化和生产效率的提升。

2.1.2 数字经济的特征

参考吴先锋等[14]基于技术演进视角对数字经济特征的分析研究，本书将数字经济特征归纳为以下方面。

（1）网络化为数字经济的发展基础

随着互联网技术的快速发展和普及，网络已经渗透到人们生活的方方面面，成为数字经济的基础设施。在我国，数字经济基础设施包括中国联通、中国移动、中国电信等基础通信网络，以及专用网络、物联网等。网络化使得信息的传播和交换变得更为便捷，降低了交易的成本和门槛，从而催生了一系列新的经济形态和商业模式。例如，电子商务、在线教育、网约车等都是基于互联网平台的新型经济活动。网络化不仅改变了传统的商业模式，也正在推动整个社会的生产和生活方式发生深刻变革。

（2）平台化为数字经济的发展阶段

平台化是数字经济的一个重要特征和发展阶段。平台经济通过提供一个虚拟的或实体的平台，将供给方和需求方聚集在一起，实现资源的优化配置。这种模式在很大程度上改变了传统的生产和消费方式，使得生产和消费更加灵活、高效。例如，共享经济平台如Uber（优步）、Airbnb（爱彼迎）等，通过提供平台服务，实现了资源的共享和优化配置，提高了资源利用效率。平台经济的发展，不仅推动了经济的快速增长，也为创新创业提供了广阔的空间。

（3）智慧化为数字经济的高阶特征

智慧化是数字经济发展的一个高阶特征，它以人工智能、大数据等新一代信息技术为支撑，实现了经济活动的智能化和自主化。在智慧化经济模式下，机器学习、智能制造、无人驾驶等技术广泛应用，大大提高了生产效率和劳动生产率。智慧化经济带来的不仅仅是生产方式的变革，更是对生活方式和社会治理方式的深刻影响。例如，智能家居、智慧城市等都是智慧化经济的典型代表。随着技术的不断进步和应用领域的拓展，智慧化经济将在未来发挥更加重要的作用。

2.2 数字化转型的商业驱动力

2.2.1 市场需求的变化

市场需求的变化是企业数字化转型的重要驱动力。市场需求的变化主要表现在消费者行为和需求的改变上。随着科技的发展和消费者生活方式的改变，消费者对产品的个性化、便捷化、智能化等方面的需求越来越高。例如，现在的消费者更倾向于在线上购物，需要企业提供更加个性化和便捷的服务。同时，消费者对产品的品质和体验也提出了更高的要求，需要企业不断提升产品和服务的质量。

在市场变化的同时，随之而来的是不断增大的竞争压力。在数字化时代，竞争对手不仅来自同行业的企业，还可能来自其他行业或领域的企业。例如在传统的市场环境下，传统书店之间的竞争主要来自其他书店、在线书店等同行业内的企业。然而，在数字化时代，竞争对手的来源变得更加广泛。随着技术的进步和消费者行为的改变，电子书和在线阅读平台逐渐兴起。这些平台原本并不属于传统书店所在的行业，但它们凭借数字化的内容、便捷化的用户体验和个性化的推荐算法，吸引了大量原本可能去实体书店购书的消费者。这些新兴平台成为传统书店的强大竞争对手。此外，社交媒体和内容创作平台也成为书店的潜在竞争对手。例如，一些社交媒体平台允许用户分享和推荐图书，而内容创作平台则提供了大量的书评、书单等内容，这些都在一定程度上影响了消费者的购书决策。这些平台通过提供与图书相关的丰富内容和互动体验，吸引用户的注意力，从而可能对传统书店构成竞争威胁。这些企业通过数字化转型，实现更加高效、灵活和创新的运营模式，从而在市场上获得竞争优势。为了在竞争中保持领先地位，企业需要不断进行数字化转型和创新，不断关注市场变化和竞争态势，制定合适的数字化转型战略，提升自身的竞争力和市场地位。

2.2.2 商业模式的创新

数字社会是继农业社会、工业社会之后的一种新兴社会形态。[15]在数字社会中，数据作为关键生产要素，在不同产业间流动，高技能、复合型的人才和人工智能机器人成为数字社会的主要生产力，一些知识密集型产业逐渐取代了农业社会的劳动密集型产业的社会经济地位。三大社会形态的主要特征如表2-1所示。

表2-1 三大社会形态的主要特征

社会形态	关键生产要素	生产力	产业特点	经济特征
农业社会	劳动力	体力型劳动者和牲畜劳作为主，生产工具为石器、铁器	劳动密集型	经验化 精耕细作 小农经济

续表

社会形态	关键生产要素	生产力	产业特点	经济特征
工业社会	资本	知识型劳动力，生产工具为蒸汽机、内燃机、电力	资本密集型	批量化 机械化
数字社会	数据	高技能、复合型人才和机器人为生产力，生产工具为智能器件、工具、设备、互联网等	知识密集型	信息化 智慧化

商业模式创新是数字化转型的重要组成部分，通常涉及企业如何创造价值、传递价值、获取价值的过程。数字化转型为企业提供了重新审视和优化商业模式的契机。通过运用新技术和创新思维，企业可以重新定义客户价值主张、内部运营流程、合作伙伴关系和生态系统，实现商业模式的创新。

商业模式的创新通常包括：①客户价值主张的创新。企业需要深入了解客户需求，重新定义客户价值主张，提供独特的产品或服务。②内部运营流程的创新。企业可以利用数字化技术对内部运营流程进行优化，提高运营效率和灵活性。例如，通过引入自动化生产线和智能仓储管理系统，企业可以实现生产流程的智能化和物流管理的优化。③合作伙伴关系的创新。企业可以与供应商、分销商、物流服务商等合作伙伴共同打造新的数字化生态系统，实现资源共享和互利共赢，提高整个供应链的效率和灵活性。

以华为公司为例，该公司自1987年成立以来，始终坚持创新驱动发展的战略，不断进行商业模式的创新。华为的商业模式创新可以分为四个阶段：产品型商业模式、解决方案型商业模式、服务型商业模式和平台型商业模式。图2-2展示了华为自成立以来的商业模式演变过程，这些创新不仅帮助华为实现了快速发展，也为客户提供了更加高效、智能的服务。

在1987—1995年，处于产品型商业模式阶段的华为主要依靠销售通信设备获取利润。在这个阶段，华为通过自主研发和不断创新，推出了多个具有影响力的产品，如交换机、路由器等。华为的产品不仅性能高，而且价格相对较低，因此迅速占领了市场。

随着技术的发展和市场的变化，华为开始向解决方案型商业模式转型。在1996—2004年这个阶段，华为不仅提供产品，还为客户提供整体的解决方案，包括咨询、设计、实施和运维等服务。华为的解决方案不仅能够帮助客户降低成本、提高效率，还能满足客户的个性化需求。

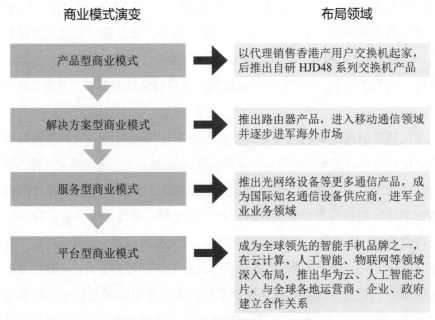

图 2-2 华为商业模式演变过程

为了更好地满足客户的需求，华为开始向服务型商业模式转型。在 2005—2012 年这个阶段，华为不仅提供产品和服务，还为客户提供全方位的信息技术服务，包括信息技术基础设施、云计算、大数据等领域。华为的服务型商业模式不仅能够帮助客户解决复杂的问题，还能帮助客户实现业务转型和创新。

随着数字化时代的到来，华为开始向平台型商业模式转型。在这个阶段，华为不仅提供产品和服务，还通过构建数字化平台，为全球客户提供更高效、智能的服务。华为的数字化平台包括云计算、人工智能、物联网等领域。通过这些平台，华为能够帮助客户实现数字化转型和创新。

商业模式创新需要企业具备创新思维和勇气，敢于挑战传统思维模式和行业规则。同时，企业需要充分运用数字化技术，不断优化和改进商业模式，提高自身竞争力和可持续发展能力。华为的商业模式创新是其持续发展的重要驱动力。通过不断创新和转型，华为不仅成为全球领先的通信设备供应商之一，还成为信息技术基础设施和数字化服务的提供商。在未来，随着技术的不断发展和市场的不断变化，华为将继续坚持创新驱动发展的战略，不断进行商业模式的创新和升级。

2.2.3 可持续发展的需求

可持续发展的需求是数字化转型的重要驱动力之一。随着社会对环境保护和可持续发展的日益重视，企业需要积极应对这一趋势，通过数字化转型实现更加环保、高效的运营。"十四五"期间是我国实现碳达峰目标的关键阶段，也是工业绿色低碳转型的关键五年。[16]数字经济在推动产业可持续转型方面，具有非常重要的意义。

数字化转型的商业驱动力与可持续发展的需求密不可分。以智能制造领域为例，数字化转型可以提升生产效率、降低能耗和减少排放，从而满足可持续发展的需求。在传统的制造过程中，生产效率往往受到人工操作、设备故障等因素的制约。而数字化转型可以将生产流程进行数字化处理，通过实时数据监控和优化算法，提高设备的利用率和生产线的产出效率，降低能耗和减少废品的产生。在数字化转型的推动下，企业可以通过数据分析、优化能源管理等方式，实现能源的节约和排放的减少。通过智能化的能源管理系统，企业可以实时监测和控制能源的消耗，避免能源的浪费。同时，数字化转型还可以促进清洁能源、废弃物资源化利用等环保技术的创新和应用，进一步降低企业对环境的影响。

数字化转型还可以通过数据驱动的决策，促进企业的可持续发展。数字化转型可以为企业提供大量的数据和信息，这些数据不仅可以用于监控和优化生产过程，还可以用于分析和评估企业的环境影响、社会责任等。通过数据驱动的决策，企业可以更好地了解自身的可持续发展状况，从而制定更加科学有效的可持续发展战略。

数字化转型，如同一股春风，悄然改变着商业世界的面貌。它的商业驱动力源自对可持续发展的渴望，使传统的商业模式变得既环保又高效，促进企业的可持续发展。因此，越来越多的企业开始重视数字化转型，将其作为实现可持续发展的重要手段之一。企业需要积极应对这一趋势，通过数字化转型实现更加环保、高效的运营，提升其社会责任感和品牌形象。同时，政府和社会也应该鼓励与支持企业进行数字化转型，共同推动可持续发展目标的实现。

2.3 数字化转型的技术驱动力

2.3.1 云计算与人工智能的发展

数字化转型的技术驱动力主要涉及推动企业或组织向数字化转变的各种技术因

素。人工智能、云计算、大数据和物联网作为当今科技领域的四大核心技术，与数字化转型的技术驱动力密切相关。这四者之间的关系可以简单概括为如图 2-3 所示的关系网络。

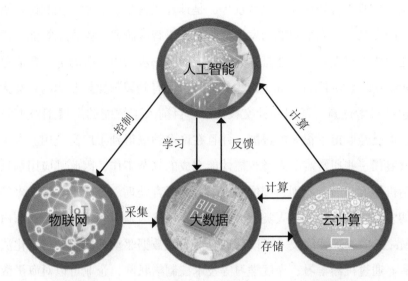

图 2-3 人工智能与物联网、大数据、云计算关系网络

云计算的发展为数字化转型提供了强大的基础设施支持。云计算是一种基于互联网的新型计算模式，它通过网络提供按需、可伸缩、可靠、灵活、安全的计算资源和服务。云计算将巨大的数据计算处理程序分解成无数个小程序，然后通过多部服务器组成的系统处理和分析这些小程序，得到结果并反馈给用户。云计算是分布式计算、并行计算、效用计算、网络存储、虚拟化、负载均衡等传统计算机和网络技术发展融合的产物。它意味着计算能力也可作为一种商品通过互联网进行沟通。其核心概念是以互联网为中心，在网站上提供快速且安全的云计算服务与数据存储，让每一个使用互联网的人都可以使用网络上的庞大计算资源与数据中心。云计算使得企业可以按需获取计算和存储资源，降低了信息通信成本和复杂性。通过云计算，企业可以实现大数据的集中存储和计算处理，为数字化转型中的数据分析、人工智能与机器学习等应用提供基础。同时，云计算还促进了企业间的信息共享和协同工作，推动了业务流程的数字化。

人工智能技术在数字化转型中发挥着核心作用。人工智能是一门新兴的技术科学，其目的是研究与开发能够模拟、延伸和扩展人的智能的理论、方法、技术及应用系统。人工智能是计算机科学的一个分支，其研究领域包括机器学习、计算机视觉、自然语言处理和专家系统等。根据智力水平的不同，人工智能可分为弱人工智能和强人工智能。弱人工智能能够模拟人类某特定领域的智能，而强人工智能则能像人类一样思考和决策。人工智能是一门交叉学科，其研究领域包括机器学习、计算机视觉、自然语言处理和专家系统等，是计算机科学、数学、控制论、语言学等多个学科的交叉点。人工智能的发展分为弱人工智能阶段、强人工智能阶段和超强人工智能阶段。超强人工智能是强人工智能的进一步衍生，著名人工智能思想家尼克·波斯特洛姆（Nick Bostrom）认为其在几乎所有领域都比最聪明的人类大脑聪明很多，包括科学创新、常识和社交技能。[17]目前人工智能的发展正处于弱人工智能阶段，但已经取得了很大的进展，并且在许多领域得到了广泛应用。人工智能旨在让机器胜任一些通常需要人类智能才能完成的复杂工作，因此其应用场景非常广泛，包括机器人、语音识别、图像识别、自然语言处理、智能推荐等众多领域。人工智能的发展将极大地影响人类社会的未来，被认为是引领新一轮产业革命的核心科技力量之一。人工智能技术可以帮助企业实现数据驱动的决策、自动化流程和智能化服务。通过机器学习、深度学习等技术控制物联网，企业可以对海量数据进行高效处理和分析，挖掘出有价值的信息，优化业务流程、提高生产效率。同时，人工智能还可以应用于客户服务和市场营销等领域，提升客户体验和忠诚度。

物联网技术为数字化转型提供了全面的数据采集和设备连接能力。物联网（internet of things，IoT）是指通过信息传感设备，如射频识别、红外感应器、导航卫星系统、激光扫描器等，按照约定的协议，对任何物品进行信息交换和通信，以实现智能化识别、定位、跟踪、监管等功能的一个网络。物联网将现实世界数字化，其应用范围十分广泛。物联网的核心和基础仍然是互联网，它是在互联网基础上延伸和扩展的网络。物联网通过感知层、网络传输层和应用层三层架构，实现人与物、物与物之间的连接和交互。感知层负责识别物体和采集信息，网络传输层负责将信息传输到云端或数据中心，应用层则负责将信息处理后为人类提供实际服务。物联网的发展对于推动智能化生产、智能化生活、智能化管理等具有重要意义。例如，在智能化生产方面，物联网可以实现设备的自主控制、生产过程的自动优化等，提高生产效率和产品质量。在智能化生活方面，物联网可以实现智能家居、智能医疗、智能安防等，提高人们的生活质量和便利性。在智能化管理方面，物联网可以实现物流跟踪、环境监测、公共安全监控等，提高管理效率和服务质量。通过物联网技术，企业可以实现生产过程的监控和优化、供应链的智能化管理，以及客户的个性化服务。同时，物联网还促进了设备间的互联互通，推动了企业与合作伙伴间的协作和创新。

大数据是人工智能的燃料。人工智能需要大量的数据进行训练和学习，才能实现更精准的预测和决策。大数据为人工智能提供了丰富的数据来源，包括文本、图像、视频等各种结构化和非结构化数据。通过大数据分析，人工智能可以更好地利用这些数据，提高自身的智能化水平。

云计算、人工智能、物联网、大数据作为数字化转型的重要技术驱动力，为企业提供了实现数据驱动的决策、自动化流程和智能化服务的基础。通过结合这些技术，企业可以更好地应对市场需求的变化和竞争压力，创新商业模式、提升运营效率并实现可持续发展。随着这些技术的不断发展和应用领域的拓展，数字化转型将继续推动企业向前发展并带来更多的商业机会。

2.3.2 软件与开发工具的成熟

软件与开发工具的成熟也是数字化转型的重要技术驱动力之一。随着软件与开发工具的不断成熟，企业能够更加高效、灵活地进行软件开发和系统集成，推动数字化转型的实现。

成熟的软件与开发工具提供了丰富的功能和工具库，使得开发人员能够更加快速地构建软件应用程序。这不仅减少了开发时间和成本，也加快了数字化转型的进程。成熟的软件与开发工具往往也具备更好的测试、调试和版本控制功能，支持多人协作开发，有助于提高软件应用程序的质量和稳定性。

随着企业数字化转型的深入推进，系统集成成为一个关键问题。成熟的软件与开发工具提供了更加简单、灵活的集成方式，使得不同系统之间的数据交互变得更加顺畅，提高了整个数字化系统的协同工作能力。对多种操作系统、平台和设备的支持，使得开发的软件应用程序能够更好地适应不同的环境和需求。这有助于提高数字化系统的可用性和可扩展性。表2-2是一些常用的开发工具，但实际上还有很多其他的工具和技术，可以根据具体需求选择使用。在选择开发工具时，企业应根据自身的业务需求、项目规模、技术栈等因素进行综合考虑。

软件与开发工具的成熟为数字化转型提供了重要的技术支撑。随着软件与开发工具的不断演进和创新，企业将能够更加高效地实现数字化转型，提升自身的竞争力和创新能力。同时，企业也需要密切关注软件与开发工具的发展动态，不断学习和掌握新技术，以适应不断变化的数字化环境。在新工科背景下，高校也应加快培养熟练掌握软件与开发工具使用技能的人才[18]，以适应企业对于紧缺数字化人才的需求。

表2-2　数字化转型的常用开发工具

开发工具类型	主要代表性开发工具
集成开发环境（IDE）	Visual Studio、Eclipse、IntelliJ IDEA
版本控制系统	Git、SVN
自动化构建工具	Maven、Gradle、Ant
测试工具	JUnit、TestNG、Selenium
数据库管理工具	MySQL Workbench、Oracle SQL Developer
前端开发工具	HTML、CSS、JavaScript
跨平台开发工具	C++、Java
移动应用开发工具	Android Studio、Xcode
大数据处理工具	Hadoop、Spark
云计算服务平台	Amazon Web Services（AWS）、Google Cloud Platform（GCP）、Microsoft Azure

2.3.3 区块链技术的潜力

许多人对区块链的最初认识来源于比特币。那么何谓区块链？如果说云计算与人工智能实现了物的智能化，区块链技术则是在软件与开发工具成熟的前提下进一步实现了物与物之间关系的智能化。[19]区块链技术是一种分布式数据库技术，它犹如一台创造信任的机器，其交易记录可以被安全、透明地存储与验证，具有去中心化、不可篡改、安全性高等特点，因此在许多领域都有潜在的应用价值。[20]

在数字化转型中，数据安全是关键。区块链技术的不可篡改性和透明度可以确保数据的真实性和完整性，实现业务操作的透明化，使得各参与方都能够清晰地看到交易记录和数据变化，从而为各参与方建立信任。这种信任可以推动数字化转型中的更多合作和信息共享，加速数字化进程。区块链技术的去中心化特性使得其具有更好的灵活性和可扩展性。在数字化转型中，企业可能需要与各种合作伙伴进行交互和交易。区块链的去中心化特性使得企业能够更容易地与这些合作伙伴建立联系，实现更高效的业务操作。另外，区块链技术中的智能合约可以实现自动化的业务操作。通过预设的规则和条件，智能合约可以自动执行相应的操作，减少人为干预和错误。这种自动化可以提高数字化系统的效率和可靠性，进一步推动数字化转型的实现。

基于以上特性，区块链技术在数字化转型中充当着重要的技术驱动角色。区块链技术可以帮助企业更有效地管理数字资产。通过区块链，企业可以追踪资产的全生命周期，实现更精细的资产管理，优化资源配置，提高资源利用效率，从而更好地应对市场变化和业务挑战。在金融领域，区块链的应用主要包括数字货币、智能合约、证券交易等。区块链技术可以实现点对点的交易，降低交易成本，提高交易速度和安全性，帮助金融机构实现更高效、更安全的资金清算和结算。在供应链管理领域，区块链技术可以提供从商品生产到销售的全程追溯，提高供应链的透明度和可追溯性。区块链技术有助于确保商品的真实性和来源，防止假冒伪劣产品的出现。在公共服务领域，区块链技术可以实现公民身份验证、数字投票等应用，提高公共服务的透明度和可信度，也可以记录数字内容的创建时间和拥有者信息，防止盗版和侵权行为的发生。

区块链技术在许多领域都有潜在的应用价值，它可以为许多行业提供更高效、更安全的服务。Siddiqui等[21]认为区块链巨大的潜力应尽快应用于教育领域。Saraswat等[22]则认为区块链架构的安全性可以很好地应用于患者疾病史与医疗记录、仪器跟踪、处方数据库、医院设施和财产使用寿命的折旧等方面。在金融领域，区块链更是受到政府部门的高度重视，2016年我国央行积极推动数字货币的发行工作。[23]如今的区块链应用领域早已渗透到社会的方方面面，身份验证、跨境金融、物联网等都是区块链的热门应用领域。虽然目前大多数区块链技术的应用还处于相对初级阶段，但随着技术的不断发展和完善，未来会有更多的应用场景涌现出来，其技术潜力不容小觑。

本章课件

第 3 章

数字化思维的内涵

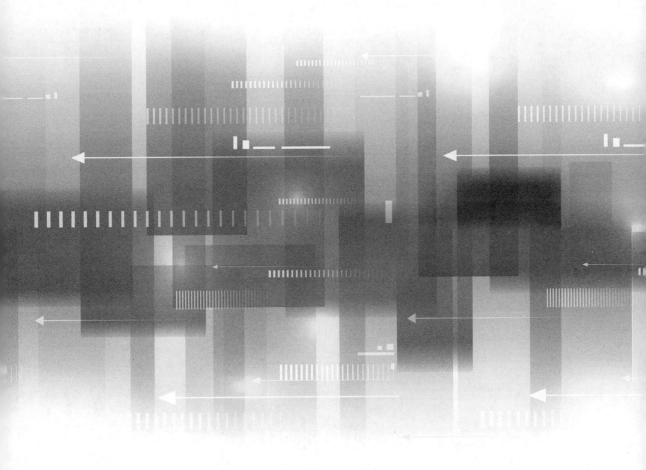

3.1 数字化思维的概念

3.1.1 数字化思维的定义

在生活中，看似杂乱无序的数据经过清洗与整合，可能变成非常有价值的研究报告。无论是在企业管理还是个人工作中，数字化的最终目的都是实现数字化赋能与价值创造。因此，具备数字化思维在日常工作学习中就显得非常重要。但究竟什么是数字化思维，以及数字化思维如何与工作学习相结合却很难轻易回答。

从理论层面上来说，通常所说的数字化指的是信息的数字化。[24]数字化思维是指一种在数字化环境中进行思考和决策的方式，它是一种以数据为关键信息资源，通过连接与整合、迭代与试验、动态调整等方法进行思考和决策的思维方式。这种思维方式有助于个人和组织更好地适应数字化时代的发展，提升竞争力。

在数据驱动层面，数字化思维中的数据被视为决策的重要依据。通过收集和分析数据，人们能够更好地理解问题，并做出基于事实和数据的决策。数字化思维也要求人们根据数据反馈和环境变化进行动态调整，即通过实时监测和数据分析，及时发现问题所在，并采取相应的措施进行调整。例如，在制定电商购物节大促营销策略时，店铺可以通过分析用户数据和市场趋势，同时将销售数据与库存数据连接在一起，通过跨部门合作，制订更有效的推广计划。在大促进行时，在线零售商也可以根据销售数据调整商品展示和推荐策略，以提升销售额。

在用户体验层面，数字化思维鼓励企业借助数字化技术为客户提供个性化、定制化的服务，不断试错和迭代，以寻找最佳解决方案。通过快速迭代和试验，企业能够不断优化产品和服务，提高用户体验。例如，在软件开发中，敏捷开发方法强调快速迭代和用户反馈，以提高软件的质量和用户满意度。

总结来说，数字化思维是一种如图 3-1 所示的综合性思维。它是以数字化技术从物理世界中获取数据，进而从数据中提炼有用的信息和情报，并将所提炼的各类情报汇聚起来，以数字化的智慧应用到物理世界中解决问题的思维过程。它涵盖了数据驱动、创新和敏捷性、用户体验和个性化、合作和共享、自动化和智能化、综合性思维以及持续学习和适应能力等在内的多个层面。在科技发展越发迅猛的今天，数字化思维要求个体和组织保持快速学习的能力，及时更新知识和掌握有关技能，以适应不断变化的数字化环境。

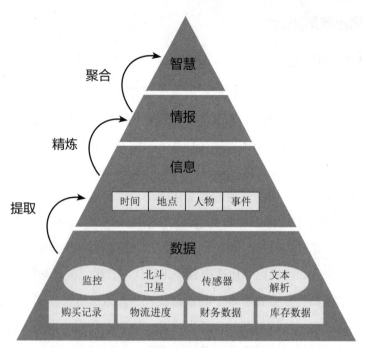

图 3-1　数字化思维过程金字塔

3.1.2 数字化思维的特点

　　毫无疑问，数字化时代的到来使人们的传统思维方式发生了巨大改变。数字化思维具有更加开放性的视野、全球性的视角、自主性的思维等许多显著的特点，这些特点使得人们能够更好地适应数字化时代的发展，提高工作效率和创新能力。

　　数字化思维的第一个特点是数据驱动。数据驱动是指利用大数据和数据分析技术指导决策和业务发展的一种方法。数据驱动的首要任务是收集相关数据，收集的数据包括通过网站、移动应用（app）、社交媒体、调研等方式获取的用户行为数据、市场数据、竞争对手数据等。先期收集到的数据往往是杂乱且不一致的，需要进行整理和预处理，包括清洗数据、去除噪声、处理缺失值等，以确保数据的质量和一致性。数据清洗完毕后就需要运用统计学、机器学习等学科方法及开发工具对整理后的数据进行深入分析，提取有价值的信息，挖掘其背后的规律和趋势。然后基于数据分析的结果，结合具体的业务场景，理解数据的实际意义，制定相应的策略和措施。[25]数据驱动是一种以数据为核心的思维方式，通过数据收集、整理、分析等步骤，发现数据背后的规律和趋势，从而指导决策和业务发展。在数字化时代，数据已经成为重要的生产要素。数字化思维强调通过数据来分析问题和解决问题，充分发挥数据的价值。人们需要学会收集、整理、分析和利用数据，从数据中获取有用的信息，从而更好地指导决策和创新。

数字化思维的第二个特点是注重用户需求和体验，以用户为中心进行思考和设计。在数字化时代，用户的需求和行为越来越多样化、个性化，因此需要关注用户的需求和反馈，不断优化产品和服务，提高用户体验。以用户为中心的数字化思维有助于更好地理解用户需求，创造出更符合用户期望的产品和服务。例如，以优衣库数字搭配师app、淘宝虚拟试衣间网站、好搭盒子app等为代表的虚拟试衣技术便是一种利用线上虚拟试衣间让消费者提前了解服装试穿的效果，从而降低消费者购物时间成本，提高购物满意度，改善线上购衣体验，解决网购时无法试穿这一弊端的数字化技术。根据第53次《中国互联网络发展状况统计报告》数据，2023年全国网上零售额达15.4万亿元，连续11年稳居全球第一，在网上购买过国货商品的用户，占网络购物总体用户的比例达58.3%。[26]网购虽然给消费者带来了极大的便利，但由于在线购物商家只提供平面模特试穿图和文字描述，消费者有时会发现衣物到货后与实物不符、尺码不合适等情况，从而导致退货率上升、满意度不高等问题，进而影响店铺销售额。[27]虚拟试衣间是一种利用先进计算机技术，将平面衣物设计转化为贴合人体三维曲线的立体效果，并以前所未有的真实感和立体感展示给用户的创新技术。线上虚拟试衣平台，其核心由几个关键模块支撑：首先是人体建模，这通常结合了高精度三维扫描技术与用户提供的照片信息，用户输入个人体型数据后，系统会迅速处理这些数据，通过比对、优化，最终生成一个高度个性化的虚拟人体模型。其次是服装建模，这是整个系统的技术核心。为了打造逼真的试衣体验，服装建模采用了几何建模与物理特性模拟相结合的策略，力求让虚拟衣物不仅在外观上接近真实，连衣物的材质、垂坠感等物理特性也得以精确再现。这样的设计确保了用户能在虚拟环境中获得如同亲临实体店般的购物感受。最后，三维动态仿真技术则让这一切活灵活现。这项技术使得无论是人体模型还是衣物模型都能以动态的方式呈现，模拟出穿着衣物时的自然动作和形态变化。用户可以从不同角度观察，判断衣物是否合身、风格是否满意，极大地提升了试衣的便捷性和准确性。

数字化思维强调迭代创新，不断优化和改进产品和服务。以常用的app为例，在数字化时代，技术和市场变化快速，企业需要不断进行迭代和创新以保持竞争优势，因此应用商店内的应用几乎每周就会迭代出一个升级版本。数字化思维要求人们具备快速学习、尝试和改进的能力，及时应对市场变化和技术创新。通过不断迭代和创新，企业能够更好地满足市场需求，提高竞争力。

数字化思维注重网络协同，强调通过合作与共享实现更好的创新和价值创造。在数字化时代，信息和资源的流通更加便捷，跨地域、跨组织的合作成为常态。数字化思维要求人们具备开放、协作和共享的精神，利用人工智能、大数据等先进技术进行跨学科、跨领域的合作，实现更大的创新和价值。网络协同有助于打破"信息孤岛"，实现资源共享，提高工作效率与创新能力。因此，数字化思维注重跨界整合，对不同领域的知识和资源进行融合与创新。跨界整合需要具备开放、包容和创新的思维方式，勇于尝试新的领域和知识。通过跨界整合，企业可以开拓新的市场和业务领域，提高竞争力和盈利能力。特斯拉是一个典型的跨界整合案例。它最初以电动汽车制造商的身份进入市场，但很快就超越了这一界限，将电动汽车与可再生能源（如太阳能）、储能解决方案（如Powerwall家用电池）和自动驾驶技术相结合。特斯拉通过整合这些不同领域的技术和资源，创造了一个全新的生态系统，不仅推动了电动汽车行业的创新，还引领了能源和交通领域的变革。在数字化时代，技术和市场的快速变化要求人们不断学习和适应新的知识和环境。具备快速适应能力的数字化思维有助于人们更好地应对挑战和机遇，抓住市场变化和技术创新的机会。只有不断学习和适应变化，企业才能够保持竞争优势，实现可持续发展。

3.1.3 数字化思维的培养

数字化思维的特点包括数据驱动、用户中心、迭代创新、网络协同、智能化思维、跨界整合和快速适应等。这些特点使得数字化思维成为一种高效、创新的思维方式，能够帮助人们更好地适应数字化时代的发展和变化。通过培养和实践数字化思维，个人和企业能够提高工作效率、创新能力与竞争力。

数字化思维的培养重点在于模型思维的训练。模型思维是指通过建立模型来理解和解决实际问题的思维方式。模型是对真实世界的抽象描述，它能够将复杂的事物简化，并通过数据、公式、图形等方式进行表达。如图3-2所示，从数据到信息仅仅是数据的简单分类处理，而从信息到知识则是从碎片化思维向模型化整体思维的巨大转变，由知识再向智慧的转变则是从单模型思维向多模型思维的又一转变。

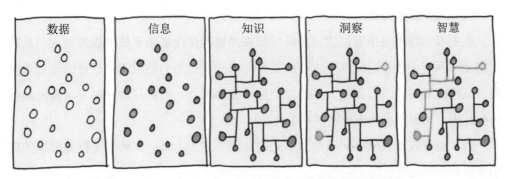

图 3-2 数据、信息、知识、洞察、智慧的区别与联系[28]

在数字化时代，模型思维是指通过建立模型来理解和解决实际问题的思维方式。模型是对真实世界的抽象，它能够将复杂的事物简化，并通过数据、公式、图形等方式进行表达。常见的模型思维有以下几种。

（1）**数据模型思维**

数据模型思维是指通过建立数据模型来分析和解决问题的思维方式。数据模型是对数据之间关系的抽象描述，可以通过数学公式、算法等方式进行表达。数据模型思维能够帮助人们更好地理解数据之间的关系，预测未来的趋势和结果。

（2）**用户模型思维**

用户模型思维是指通过建立用户模型来理解和满足用户需求的思维方式。用户模型是对用户特征、行为、需求等方面的抽象描述，可以通过用户画像、用户行为分析等方式进行表达。用户模型思维能够帮助企业更好地了解用户需求，设计和提供更加符合用户需求的产品与服务。

（3）**产品模型思维**

产品模型思维是指通过建立产品模型来设计和优化产品的思维方式。产品模型是对产品功能、性能、外观等方面的抽象描述，可以通过原型设计、仿真测试等方式进行表达。产品模型思维能够帮助设计师和工程师更好地理解产品性能与用户体验，提高产品设计的质量和竞争力。

（4）**业务模型思维**

业务模型思维是指通过建立业务模型来理解和优化业务流程的思维方式。业务模型是对业务流程、组织结构、资源配置等方面的抽象描述，可以通过流程图、组织架构图等方式进行表达。业务模型思维能够帮助管理者更好地理解业务流程，提高组织的效率和绩效。

（5）系统模型思维

系统模型思维是指通过建立系统模型来理解和优化复杂系统的思维方式。系统模型是对系统中各个组成部分之间的关系、功能、行为的抽象描述，可以通过系统图、流程图等方式进行表达。系统模型思维能够帮助人们更好地理解复杂系统的结构和行为，预测系统的未来发展和变化。

为了更直观地表示不同模型思维间的区别，表 3-1 对这几种常见模型思维的应用领域和应用场景进行了汇总。

表 3-1　常见模型思维的应用领域与应用场景

模型思维	应用领域	应用场景
数据模型思维	数据分析、数据挖掘、数据科学、统计学	企业利用数据模型思维分析销售数据，找出影响销售的关键因素，从而制定更有效的销售策略；利用数据模型思维预测股票价格或评估投资风险。
用户模型思维	市场营销、产品设计、用户体验设计	产品设计团队通过用户模型思维了解用户需求和行为，设计出更符合用户习惯和期望的产品；在广告领域，通过用户模型思维了解目标受众的兴趣和需求，制定更有效的广告策略。
产品模型思维	产品设计、产品开发、工程制造	工程师利用产品模型思维设计新产品的原型，通过仿真测试优化产品的性能；利用产品模型思维进行建筑设计，确保建筑的功能和外观符合要求。
业务模型思维	业务流程管理、组织结构优化、项目管理	企业管理者利用业务模型思维优化业务流程，提高组织的效率和绩效；在项目管理中，通过业务模型思维分析项目资源需求和流程，确保项目的顺利进行。
系统模型思维	系统分析、系统设计、系统架构	在城市规划中，利用系统模型思维分析城市系统的各个组成部分，优化城市规划和布局；在软件开发中，利用系统模型思维设计软件系统的架构和模块，确保软件的高效和稳定运行。

总之，数字化时代的模型思维具有广泛的应用价值，它能够帮助人们更好地理解和解决实际问题，提高工作效率和创新力。同时，数字化技术的发展也为模型思维的实现提供了更加便捷和高效的方式。

3.2 数字化思维的核心要素

3.2.1 数据基础与处理能力

数字化思维的基础要素是拥有数据基础与处理的能力。数字化思维要求人们对数据有较强的敏感性,能够迅速从数据中获取信息,发现问题、趋势或模式,从而快速做出决策或判断。要培养这一基础能力,就要经常接触和分析数据,通过实践提高对数据的直觉和感知能力;同时,增强自身的数据背景知识也是关键。

在处理和分析数据时,需要学习逻辑学基础,经常参加批判性思维训练、数学问题解决等逻辑推理练习,运用逻辑思维来推理和归纳有用的信息。合理的推理和归纳,有利于更好地把握数据内在的联系和规律。逻辑思考也有助于确保分析的条理性、准确性和可靠性,避免错误的结论。

统计学是研究数据收集、整理、分析和解释的科学。理解统计学原理有助于更准确地解读数据,预测未来趋势,并做出基于数据的决策。学习统计学基础,可以掌握描述性统计、推论性统计等核心概念,并通过实践应用加强理解。理解并运用统计学原理,可以对数据进行有效分析和预测。掌握统计学的基本概念和方法,能够更好地处理和分析数据。

拥有良好的数据处理与分析能力必定需要掌握数据分析工具和方法,以便从大量数据中提取有价值的信息;熟悉常用的数据统计与分析工具如 Excel、SPSS、Python 等软件,以及掌握数据处理、清洗、整合等方面的技能;通过图表、图像等形式直观展示数据,帮助其他人更好地理解数据分析结果;学习各种可视化工具如 Tableau、Power BI 等,参与可视化设计工作坊或课程,提高可视化设计和沟通能力。概念图和思维导图也是日常工作学习中常用到的可视化方法。概念图是由美国康奈尔大学约瑟夫·D. 诺瓦克(Joseph D. Novak)博士根据奥苏伯尔(Ausubel)学习理论开发的用来组织和表征知识的工具[29],由其指导开发的 Cmap Tools 是目前应用广泛的概念图工具,主要由概念、连接线和连接词三大要素组成。思维导图由英国的托尼·布赞(Tony Buzan)在人类大脑神经生理结构和心理学的基础上所研发,由关键词、分支、图像三大要素组成。[30] Mindmanager、XMind、FreeMind 等都是非常容易上手的思维导图可视化软件,可以更直观地展现数据的特征和规律,提高沟通效果。

这些要素是数字化思维的基础,对于提高数据处理和分析的能力至关重要。只有具备扎实的数据基础与处理能力，才能更好地应对复杂的数据问题，做出准确的分析和判断。

3.2.2 应用与实践能力

数字化思维的第二类核心要素是应用与实践能力，这类要素强调将数字化思维应用于实际情境，主要包括以下几个方面。

首先，数据基础与处理能力是数字化思维的基础，它为应用与实践提供了必要的前提和支撑。没有扎实的数据基础与处理能力，应用与实践必将受到限制，难以发挥数字化思维的优势。应用与实践能力是将数字化思维应用于实际情境的关键。它能够将数据基础与处理能力转化为实际的价值和效益。只有应用与实践，才能充分发挥数字化思维在实际问题解决中的作用。

其次，决策能力是将数据转化为实际行动的关键，基于数据做出明智的决策是数字化思维的核心应用之一。因此，我们要学习决策理论和方法，参与实际决策项目，尝试应用SWOT、PEST分析等方法解决问题并积累基于数据的决策经验。同时，加强商业洞察力和判断力的培养也很重要。

再次，在日常生活中，我们要养成广泛涉猎不同领域的知识的习惯，了解不同行业的背景和特点。同时，通过实际项目应用，将数据化思维与具体领域知识相结合；保持对新技术、新方法的关注和学习，定期参加培训和研讨会，跟踪数据科学领域的最新动态。

最后，还应培养在团队中有效发挥作用，与其他成员协作完成数据分析任务的能力。团队协作是现代工作的重要特点，良好的团队协作能够提高工作效率和质量。应积极参与团队项目，学习有效的沟通和协作技巧，了解团队中不同角色的需求和期望。在数据分析过程中，还应注意提高遵守相关道德和法律规范的能力。遵守道德和法律是数据分析工作的基本要求，能够确保数据分析结果的合法性和公正性。应了解相关法律法规和伦理标准，参与道德与法律方面的培训和讨论，提高对道德和法律问题的敏感度。

3.2.3 技术与工具运用能力

数字化思维的第三类核心要素是技术与工具运用能力，其与前两类能力之间存在密切的关系。技术与工具运用能力是数据基础和处理能力的重要延伸。具备扎实的数据基础与处理能力，可以为技术与工具的运用提供必要的前提和支撑。运用先进的技术和工具，可以更高效地处理与分析数据，增强数字化思维的实际应用效果。技术与工具运用能力和应用与实践能力相互促进。在实际应用中，技术与工具运用能力能够帮助个人和企业更快速、准确地处理与分析数据，进而为决策提供有力支持。同时，实践经验也能够为技术与工具的运用提供更广阔的视野和实际需求，推动技术与工具不断改进和完善。

随着技术的发展，掌握先进的技术和工具，学习并掌握数据分析相关的技术原理，了解不同技术的适用场景和优缺点，能够提高数据处理和分析的效率和准确性。同时，可通过实践项目，积累运用技术的经验。以下是技术与工具运用能力具体内容及培养方法。

（1）**大数据处理技术**

掌握大数据处理技术，如分布式计算、流处理等，高效地处理大规模数据。学习 Hadoop、Spark 等大数据处理框架，了解其原理和操作方法。通过实践项目，积累大数据处理经验。

（2）**数据挖掘和机器学习技术**

运用数据挖掘和机器学习技术，发现数据中的模式和规律，进行预测和分类等任务。学习决策树、聚类分析、回归统计、随机森林、支持向量机、深度学习等数据挖掘和机器学习的基本算法。通过实践项目，运用这些技术解决问题。

（3）**可视化工具和技术**

利用可视化工具和技术，将数据以直观的方式呈现出来，便于理解和分析。学习 Tableau、Power BI、Plotly 等可视化工具的使用方法，了解数据可视化的基本原则和技巧，并在实践中逐步提升数据可视化的设计能力。

（4）**数据存储和管理技术**

了解和使用数据仓库与数据湖等数据存储和管理技术，高效地存储、查询和管理大量数据。学习数据仓库的基本原理和架构，了解其适用的场景和优缺点。通过实践项目，掌握数据存储和管理技术的实际应用。

（5）**数据安全和隐私保护相关技术**

了解数据安全和隐私保护的相关技术与措施，确保数据的安全性和隐私性。学习加密、访问控制等安全技术，了解隐私保护的法规和标准。通过实践项目，加强数据安全和隐私保护的实际操作能力。定期关注技术动态和新兴趋势，参加技术研讨会和培训课程，与技术社区保持互动和交流。养成持续学习的习惯，不断扩展自己的技术视野。

通过以上具体内容和方法的培养，个人和企业能够提升自己的技术与工具运用能力，更好地应对复杂的数据问题，提高数据处理与分析的效率和准确性。同时，这些能力也能够为决策提供更加准确和及时的信息，支持业务的发展和创新。

由此可见，技术与工具运用能力和前两类能力是相互关联、相互促进的关系。只有综合提升这三类能力，才能真正掌握数字化思维的核心，并将其应用于实际问题的解决。

3.3 数字化思维的应用价值

3.3.1 洞察商机

在数字化时代，企业面临着无数的商机，如何准确识别和抓住这些商机是关键所在。数字化思维在洞察商机方面具有显著的应用价值。通过对客户的数字化管理，企业可以更全面地了解客户需求、行为和偏好，发现隐藏在大量数据中的市场趋势和潜在商机。

如图 3-3 所示，传统营销模式往往依赖于销售人员的个人能力和经验，发现潜在客户并发展为意向客户，最终通过销售人员与客户之间的谈判促成签约。这种漏斗形营销模式看似行之有效，但存在销售人员流动性高、培养周期长、营销过程过度依赖流量、转化路径单一、缺乏用户运营等诸多局限。其营销的核心仅仅是围绕产品进行售卖，营销策略更倾向于实现顾客快速引流并达成交易的短期行为，使得用户复购率和忠诚度较低。

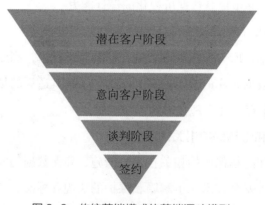

图 3-3　传统营销模式的营销漏斗模型

利用数字化思维，企业可以建立一个如图 3-4 所示的系统性营销矩阵模型，通过数据分析来指导销售策略的制定和执行。通过数据分析，企业可以了解员工的销售能力和潜力，制定更加合理的销售任务和激励机制，提高员工的工作积极性和销售业绩，而无须过分依赖个别销售人员的能力。此外，数字化思维鼓励企业进行数据驱动的决策，利用人工智能技术，根据目标客户的需求和兴趣，智能筛选和呈现相应的信息，强化宣传效果和转化率。通过数字化技术，企业可以快速、高效地生成智能化的宣传物料，更好地展示企业品牌形象和产品特点，洞察市场动态和客户喜好特点，制作更具创意和更具吸引力的品牌海报、短视频和电商直播等内容，提高品牌知名度和用户互动性，进而提升用户黏性和转化率。通过对市场趋势的预测，企业可以在竞争对手之前采取行动，抓住商机。例如，企业可以通过分析用户的在线搜索记录和购买行为来预测未来的市场趋势，提前布局相关产品和服务，为顾客提供定制化的服务体验。

图 3-4　数字化思维下的营销矩阵模型

3.3.2 降本增效

在竞争越发激烈的数字化时代，无论是小微企业还是商业巨头，都提出要降本增效。然而许多企业只是提出如何将数字化赋能到业务流程，却没有抓住其内在的逻辑。其实"万变不离其宗"，企业通过数字化达到降本增效通常包括四个阶段：流程化、要素化、规格化、业务变革。

（1）流程化

如图 3-5 所示，当一项业务活动被分割为若干个步骤之后，工人或者自动化设备便可依照生产线进行流水化作业，不仅提高了作业效率，而且大大降低了人工干预的可能性。每台设备或每位员工各司其职，掌管自己所处流程的业务活动，资源利用率大大提高，如此便实现了企业降本增效的首要环节。

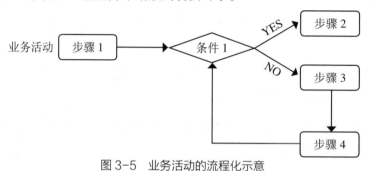

图 3-5　业务活动的流程化示意

（2）要素化

企业实现流程化之后，紧接着会面临到底将一项业务活动分为多少个步骤的困惑。一家国际化的公司通常包含若干个业务领域，涉及无数的业务活动，若细分出过多的业务流程可能造成机构的冗余，所以要素化便是数字化降本增效的第二个阶段。如图 3-6 所示，要素化指的是将企业管理中业务活动的流程标准量化、细化，明确各流程的执行规则、内外部约束、价值指标、参与角色等要素，以精益求精、客观优秀的理念打磨业务流程。

（3）规格化

在要素化基础上，为了便于计算机对业务数据进行自动化处理，企业还需要对要素数据进行如图 3-7 所示的规格化改造。规格化意味着统一数据的格式和标准，确保数据的准确性和可比性，为计算机处理数据建立一个清晰的逻辑结构，使数据之间的关系一目了然。这种改造使得数据能够适应二进制编码和计算机处理的需求。

规格化带来的效率提升是多方面的。首先，计算机处理数据的能力远远超过人工。无论是大规模的数据分析、复杂的数学运算，还是快速的逻辑判断，计算机都能在极短的时间内完成，大大提高运算效率。这为企业提供了强大的决策支持，使得实时决策、预测分析等成为可能。其次，网络的普及和通信技术的发展也为管理效率的提升提供了强大支撑。电话、传真等传统通信手段容易受时间和空间的限制，相比之下通过网络通信，企业可以随时随地与全球各地的合作伙伴、供应商和客户进行协作沟通，大大提高了通信效率。

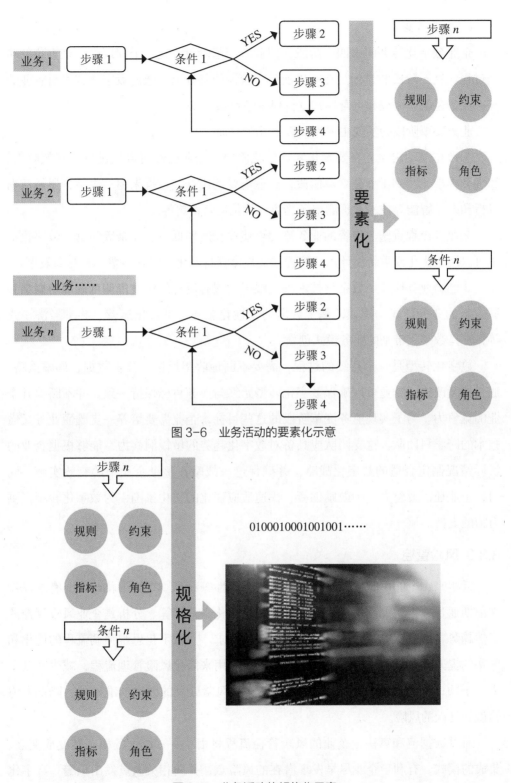

图 3-6　业务活动的要素化示意

图 3-7　业务活动的规格化示意

（4）业务变革

企业数字化转型的第四个阶段，即业务变革阶段，是一个深层次、全方位的转型过程。这一阶段的目标是在完成前三个阶段的基础上，通过数字化技术对企业的核心业务逻辑、流程和运营模式进行根本性重塑。

业务变革阶段的实现主要涉及以下几个方面。

①数据驱动决策。在要素化和规格化阶段，企业已经对数据进行了有效收集、整理和标准化。到了业务变革阶段，企业需要利用这些数据来驱动决策，通过数据分析和人工智能等技术来预测市场趋势、优化运营策略等。

②业务流程重塑。传统的业务流程可能存在效率低下、冗余等问题。数字化技术可以用于优化或重新设计这些流程，实现流程自动化、消除浪费，并提高效率。

③创新业务模式。数字化技术不仅限于对现有流程的优化，还可以用于探索和试验新的业务模式。例如，基于数据的个性化服务、平台化运营、共享经济模式等，都是数字化带来的业务模式创新。

数字化转型是一个持续的过程，需要不断地收集反馈、分析数据、调整策略。通过持续改进，企业可以确保数字化转型始终与业务目标保持一致，并不断提升企业的竞争力。为了实现业务变革阶段的这些目标，企业需要培养一支既懂业务又懂技术的跨学科团队。这支团队应具备对数字化趋势的敏锐洞察力，能够根据企业的实际情况制定合适的数字化战略，并确保这一战略在整个企业中的有效实施。同时，企业还需要建立一种鼓励创新、快速适应变化的文化氛围，为数字化转型提供有力的支持。

3.3.3 风险管控

近年来，企业风险事件呈现突发性、多源性等特点。在数字化时代，有些风险在前期通过数据就能反映出来，因此利用数字化工具计算、分析是企业风险管控的必然趋势，也是实现前瞻性财务管理的客观要求。[31]数字化思维强调流程的优化和效率的提升。在风险管控中，数字化技术可以用来简化风险管理流程，减少冗余和人工干预；通过自动化和智能化的手段，提高风险处理的效率和准确性，降低人为错误和延误的风险。

通过数据流和算法，企业的风险管控流程将由单一、线性的模式转变成交互、集成的模式，有利于企业尽早发现潜在的风险点，并向相关人员发出预警。数字化思维强调数据的整合与共享。在风险管控中，通过数据整合，企业可以将不同部门、不同业务线的风险数据集中管理，实现数据的统一存储和分析。这有助于打破信息孤岛，提高数据的利用率和准确性，为风险评估和管理提供更全面、准确的数据支持。这种实时的监控和预警机制有助于企业快速响应，采取相应的措施进行风险防范和控制。数字化思维也有助于企业实现风险评估的自动化和精细化。通过建立风险评估模型，利用机器学习和人工智能等技术，企业可以对客户或业务进行风险分级，并根据风险等级的不同，制定个性化的风险控制策略，提高风险管理的针对性和有效性。

数字化思维鼓励创新和适应变化。面对不断变化的外部环境和潜在风险，企业可以利用数字化技术来提升风险应对能力。例如，通过数据分析来预测市场趋势，制定相应的风险防范策略；利用机器学习算法来不断完善风险评估模型，提高风险的识别和预警能力。

本章课件

第 4 章
数字经济与数字化思维的关系

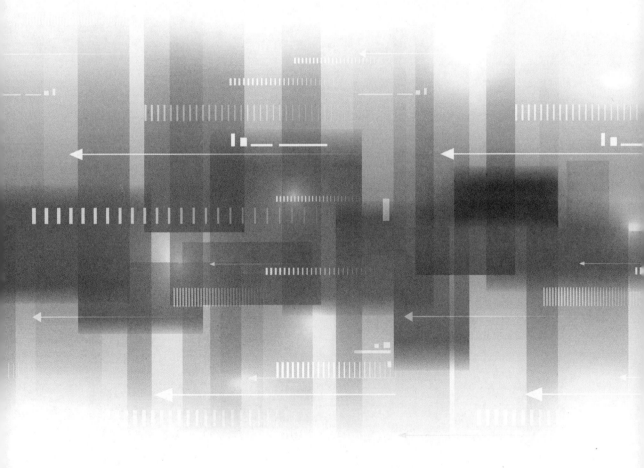

4.1 数字化思维在数字经济中的地位、作用及两者间的关系

4.1.1 数字化思维在数字经济中的地位

在数字经济时代，数字化思维的核心地位显得尤为突出。数字化思维以互联共享为原则，不仅关注科学技术的进步，更强调人类主观思维方式的转变。[32]数字化思维要求我们以全新的视角去理解和应对不断涌现的新事物与新机遇，从而在数字经济的浪潮中立于不败之地。在数字经济的背景下，新事物层出不穷，机遇与挑战并存。只有具备数字化思维的企业和个人，才能敏锐地捕捉并有效地把握这些新机遇，更好地理解数字经济的运行规律，从而做出明智的决策。

数字化思维强调资源的创造和共享，追求共同利益的最大化。这正是社会经济高质量发展的核心要求。在数字经济中，资源的创造和共享是数字化思维的重要组成部分，主要包括数据资源、技术资源、人才资源、业务模式的创造与共享。在数字经济中，数据成为一种重要的生产要素。例如，淘宝作为中国最大的电子商务平台，每天都会产生大量的用户浏览、搜索、比选、购买等行为数据。这些数据对于淘宝来说是非常宝贵的资源。淘宝通过收集和分析这些数据，开发了"猜你喜欢"功能。这个功能基于用户的购物历史和浏览行为，推荐相关的商品给用户。当用户浏览商品时，淘宝会根据用户的行为数据，推荐相似或相关的商品，提升用户的购物体验和购买意愿。此外，淘宝还会通过用户的行为数据与其他广告商合作，进行精准的广告投放。例如，某品牌商可以向经常购买该品牌商品的用户群体投放广告，提高广告的转化率。通过"猜你喜欢"功能和其他数据驱动的产品与服务，淘宝不仅提升了自身的销售业绩和用户体验，还创造了巨大的商业价值，并与广告商实现了共赢。这种数据驱动的策略已经成为淘宝持续创新和发展的关键驱动力之一。

数字技术的发展也为资源的创造和共享提供了技术支持。云计算、区块链等技术使得企业能够更高效地存储、处理和传输数据，同时也为数据的共享提供了安全保障。例如，WPS Office是一款广受欢迎的办公软件套件，它支持文档、表格、幻灯片等文件的创建、编辑和分享。随着数字技术的发展，WPS Office也积极引入了云计算和人工智能等技术，为用户提供更加高效和智能的办公体验。通过云计算技术，WPS Office可以实现文件的云存储和同步，用户可以随时随地访问和编辑自己的文件。同时，WPS Office还提供多人协作的功能，允许多个用户同时编辑和评论

同一个文件，提高团队协作的效率和响应速度。此外，WPS Office还引入了人工智能技术，如智能排版、智能推荐、智能校对等功能，使得用户可以更加高效地完成办公任务。这些功能基于人工智能算法，通过机器学习和自然语言处理等技术，提高了办公的自动化和智能化水平。

在数字经济中，人才的重要性日益凸显。线上协作、远程办公等方式，可以实现人才的跨地域、跨领域共享，为企业创造更大的价值。数字化思维鼓励企业打破传统的业务模式，探索新的商业模式和盈利模式。平台经济、共享经济等模式在数字化时代纷纷涌现，实现了资源的高效利用和价值的共同创造。例如，Airbnb是一个在线房屋租赁平台，它将来自不同地区与领域的房东和租客聚集在一起，实现了人才和资源的共享。在人才和资源的创造与共享方面，Airbnb平台吸引了来自世界各地的房东和租客，他们通过提供和预订房屋，实现了跨地域、跨领域的资源共享。这种模式不仅为房东提供了额外的收入来源，也为租客提供了更加丰富和多样化的住宿选择。在业务模式的创造与共享方面，Airbnb打破了传统的酒店业务模式，通过平台经济的方式实现了资源的共享和价值的共同创造。Airbnb平台为房东和租客提供了在线交易和沟通的平台，使得双方可以更加高效地匹配需求，同时也为房东和租客提供了更加灵活、个性化的服务。通过Airbnb这类平台，也可以看出数字化思维对于企业创新和发展的重要性。

在数字经济时代，变革是常态，数字化思维能够帮助我们适应变化、抓住机遇，从而在变革中立于不败之地。无论是企业的转型升级还是个人的职业发展，都需要具备数字化思维，以应对数字经济的挑战和机遇，实现可持续发展。

4.1.2 数字化思维在数字经济中的作用

随着科技的飞速发展，数字经济已成为全球经济增长的重要引擎。数字化思维是一种以数据和连接为基础，注重创新、开放和共享的新型思维方式。在数字经济时代，这种思维方式正逐渐成为推动经济发展的核心动力。

数字化思维鼓励企业突破传统商业模式的限制，探索新的盈利模式和价值创造方式。许多在物理世界中难以完成的事情，在数字化世界中可轻松完成。例如，在现实世界中一位教师在同一时间只能为一个四五十人的班级授课，而通过线上教学可轻松完成上万人次的授课。数字化通过连接供需双方，实现了资源的高效利用和价值的共同创造。

随着全球化深入发展，企业面临着越来越广阔的市场和越来越多的机遇。数字化思维可以帮助企业更好地把握全球市场的动态和趋势，通过跨境电商、海外社交媒体等渠道迅速触达全球用户，提升品牌知名度和市场份额。通过分析全球用户的行为、偏好和需求，企业可以更加精准地定位目标市场，制定更加有效的营销策略。跨境电商为企业提供了直接触达全球用户的平台，企业可以通过跨境电商平台将产品和服务销售到世界各地。海外社交媒体也为企业提供了一个与全球用户互动和沟通的平台，企业可以通过海外社交媒体发布产品信息、推广品牌形象、建立品牌忠诚度。数字化思维在此过程中能够帮助企业更好地利用海外社交媒体，通过精准定位、内容创意等方式提高品牌知名度和影响力。因此，数字化思维也大大推动了企业国际化战略的实施，帮助企业更好地把握国际市场的机遇和挑战。

通过数据驱动的决策、人工智能的应用等手段，企业能够提高运营效率、降低成本，从而在激烈的市场竞争中脱颖而出。例如，特斯拉的核心理念是转变整个交通行业的认知。通过数字化转型，特斯拉致力于创新和可持续发展，重新定义了电动汽车的可能性。特斯拉为了转变人们对电动汽车的怀疑态度，积极探索数字化技术的潜力，利用人工智能、大数据、区块链、云计算和自动驾驶汽车等技术，为汽车行业带来了前所未有的变革。特斯拉的数字化转型不仅仅局限于汽车制造本身。它通过无线软件更新，不断改进和优化车辆性能，提供更加智能化的驾驶体验。这不仅改变了汽车的升级和维护方式，还为客户提供了持续的价值。数据在特斯拉的数字化转型中扮演着至关重要的角色。特斯拉从车辆中收集大量数据进行分析，并开发出精确的地图、自动驾驶技术和保险政策。这些数据不仅帮助特斯拉提高了运营效率，还为客户提供了更加个性化的服务。特斯拉的保险政策就是一个很好的例子。通过分析特斯拉司机的驾驶行为和车辆性能，保险公司能够为司机提供低成本的保险政策。这种基于数据的保险模式为客户提供了更加实惠的保险选择，同时也为保险公司提供了更准确的风险评估。除了在产品和服务方面的数字化转型，特斯拉还非常注重客户的反馈和需求。他们积极分析客户在在线论坛上的讨论和评论，以便更好地理解客户的需求和要求。这种以客户为中心的方法帮助特斯拉不断改进产品和服务，提高客户满意度。值得一提的是，特斯拉一直在收集其所有车辆的驾驶数据。这些数据对于特斯拉来说是无价之宝，它们不仅有助于提高特斯拉自动驾驶技术的准确性，还为特斯拉提供了对未来市场的洞察。这种对未来的远见和对数字化转型的执着，使特斯拉成为交通行业的领军者。

4.1.3 数字经济与数字化思维的相互促进关系

数字经济与数字化思维的关系可以理解为一种相互依存、相互促进的关系。在数字化思维的影响下，人们开始重新审视传统的经济模式和商业模式，探索更加高效、智能、可持续的发展方式。数字化思维强调创新、开放、互联、数据驱动和用户至上等理念，为数字经济的发展提供了重要的思想基础和指导。同时，数字经济的发展也反过来推动了数字化思维的深入和拓展。随着数字经济的不断壮大和数字化技术的不断进步，人们对数字化思维的认识也越来越深入，越来越广泛地将数字化思维应用到各个领域中。

从经济学的角度来看，数字经济与数字化思维的关系可以理解为一种相互促进、共同发展的关系。目前，我国大力倡导推进"数实融合"，即数字经济与实体经济的深度融合。[33]可以说，数字化思维为"数实融合"提供了思想基础和指导，而数字经济的发展也为数字化思维提供了更加广阔的应用场景和实验平台。数字经济的快速发展，不仅推动了数字化技术的不断创新和应用，也为数字化思维提供了更加丰富和深入的实践经验，促进了数字化思维的不断完善和发展。

在当今时代，数字经济与数字化思维已经成为推动社会发展的重要力量。两者相互依存、相互促进，形成了一种紧密的共生关系。在数字化思维的影响下，人们开始意识到数据的重要价值，并利用数据驱动决策和创新。基于大数据分析的用户画像和个性化推荐已经成为电商、广告等行业的标配。同时，数字化思维也鼓励企业开放、协作、跨界融合，打破了传统的行业界限和利益格局，为数字经济的发展提供了更加广阔的空间。

数字经济的快速发展又反过来推动了数字化思维的深入应用和拓展。随着数字技术的不断进步和普及，如今的数字化已经渗透到各个领域，成为推动社会生产力发展的重要力量。互联网+、人工智能、区块链等新兴产业的发展为数字化思维的应用提供了更加广阔的舞台。数字经济的快速发展也加速了信息的传播和共享，提高了人们获取信息和知识的效率，为数字化思维的普及和深化提供了更加便利的条件。

需要注意的是，数字经济与数字化思维的关系并不是单向的，而是相互依存、相互促进的。数字化思维为数字经济的发展提供了思想基础和指导，而数字经济的发展又反过来推动了数字化思维的深入应用和拓展。因此，在未来的发展中，需要进一步加强数字经济与数字化思维的融合，以推动两者的共同发展。

首先，从更高层次的角度看，数字经济与数字化思维的相互促进不仅是经济领域的发展问题，更是关乎人类社会未来发展的重要议题。它涉及人类社会的生产方式、生活方式、组织方式乃至思维方式的深刻变革。数字时代的到来是人类社会对技术进步积极响应的结果。自工业革命以来，人类社会的生产力得到了极大的解放和发展。而今，随着数字技术的日新月异，我们正步入一个全新的数字经济时代。这个时代的特点是数据成为新的生产要素，计算成为新的生产力，互联网成为新的生产关系。这一切的变革都离不开数字化思维的引领和指导。数字化思维以其前瞻性、创新性和实践性，为数字经济的发展提供了强大的思想武器。

其次，数字经济与数字化思维的发展也是人类社会追求可持续发展目标的必然选择。在传统经济发展模式下，资源枯竭和环境恶化如同两道无形的枷锁，束缚着人类社会的进步。而数字经济以其高效、智能、绿色、普惠的特性，为解决这些问题提供了新的思路和途径。数字化思维则进一步强化了这种可持续发展的理念，它鼓励人们利用数字技术去探索更加环保、高效、和谐的生产方式和生活方式，从而推动人类社会朝着更加可持续的方向发展。

最后，数字经济与数字化思维的发展更是人类社会构建命运共同体的必然要求。在全球化时代，各国之间的经济联系越来越紧密，相互依存度越来越高。数字经济的发展和数字化思维的普及不仅有助于提升各国的经济实力和国际竞争力，更有助于加强各国之间的交流与合作，推动全球经济的共同繁荣和发展。数字化思维所倡导的开放、互联、共享的理念，正是构建人类命运共同体的重要思想基础。

数字经济与数字化思维的相互促进是一个长期而复杂的过程，需要我们不断探索和创新。在这个过程中，政府、企业、社会组织和个人都应该发挥各自的作用，共同推动数字经济的健康发展。同时，我们也需要警惕数字经济发展过程中可能出现的问题和挑战，如数据安全、隐私保护、数字鸿沟等。只有处理好这些问题，数字经济才能真正成为推动人类社会发展的重要力量。

4.2 数字经济与数字化思维的差异

4.2.1 数字经济与数字化思维的目标差异

数字经济与数字化思维虽密切相关，却各自承载着迥异的目标。数字经济作为一个蓬勃发展的领域，其主要目标在于对传统产业进行优化和改造。通过深入运用技术与数据，数字经济不仅提高了生产效率，还催生了新颖的商业模式，进一步优化了资源配置，实现了经济效益的最大化。数字经济以效率为核心导向，借助精准的数据分析和先进的算法，致力于在短时间内达到资源的最佳配置，从而推动经济的持续增长。其焦点在于技术与商业模式的深度融合，利用数字技术推动商业模式的变革和创新。通过精确的市场定位、高效的供应链管理和个性化的产品与服务在电子商务、互联网金融、智能制造等领域实现了商业模式的创新和变革。这些问题不仅是关于如何运用技术和数据来提高生产效率与资源配置效率，更是关于如何构建一个更加高效、灵活和可持续的经济体系。

而数字化思维的目标则在于解决问题和创新思考。它是一种思维方式，强调的是如何运用数字技术、数据与数字化工具来解决问题、创新思考和跨领域整合。数字化思维不只关注技术的运用，更关注技术如何改变我们的思维方式，帮助我们解决复杂问题。在现实生活中，数字化思维更多的是在教育、医疗、设计等领域的应用，解决的问题是如何通过创新思考和工具的应用来创造新的价值与解决方案。"授人以鱼不如授人以渔"，数字化思维的焦点在于思维方式与技术工具的结合，利用数字化工具改变思考方式，通过创新思考和跨领域整合来实现价值的创造。因此，只有拥有了数字化思维，才能更好地发展数字经济。

传统工业经济的发展高度依赖于土地、资本和劳动力这三大生产要素。然而，随着时代的进步，这些要素正面临诸多挑战，如土地的日益稀缺、资本投入产出比的下降，以及劳动力市场的结构性失衡。相比之下，数字经济的崭新模式正崭露头角。在数字经济中，网络的普及、计算的无所不在和各要素的广泛连接，催生了海量的数据。这些数据不仅成为推动经济全要素生产率提升的关键力量，更体现了数字化思维与传统经济的本质区别。具体而言，数字化思维的目标与传统经济有着显著差异。

首先，数字化思维追求的是资源的全面优化和高效配置。数据的流动，带动资金、人才和物资的更高效流动，打破了地域、组织和技术的限制，推动资源配置从单点向多点、从局部向全局、从静态向动态的优化转变。这种转变不仅提高了资源的配置效率和水平，更体现了数字化思维对于全局性、动态性优化的执着追求。

其次，数字化思维强调打破传统要素的束缚，实现经济的无限增长和高质量发展。数据的可复制性强、迭代速度快、复用价值高等特点，使得数据规模越大、维度越多，其边际价值越成倍增加。这种增长模式打破了传统要素有限供给的限制，为经济的高质量发展提供了源源不断的动力。

最后，数字经济和数字化思维的目标差异还体现在它们的发展阶段与发展速度上。数字经济已经进入成熟期，商业模式和经济增长点已经相对清晰和稳定；而数字化思维仍处于不断发展和深化的阶段，其应用领域和价值创造潜力还有很大的发展空间。因此，在未来的发展中，数字化思维将更加注重跨界整合和创新思考能力的培养，以满足复杂问题的解决和新的价值创造的需求。

总的来说，数字经济与数字化思维的目标差异是多方面的。要更好地利用数字经济与数字化思维这两种力量，需要明确它们各自的目标和应用领域，理解它们在不同发展阶段的特性和潜力。只有这样，才能充分发挥它们在推动经济发展和社会进步中的作用。

4.2.2 数字经济与数字化思维在应用领域的差异

数字经济和数字化思维在应用领域上有着显著的区别，这种区别主要是由于它们目标和价值取向的不同。数字经济主要关注商业模式的创新和变革，而数字化思维则更加注重思维方式和工具的创新。

数字经济的应用领域主要包括金融、制造、物流、零售等传统产业。通过数字技术的引入，这些传统产业得以实现业务流程的数字化和智能化，提高生产效率和资源配置效率。例如，金融行业利用大数据与人工智能技术进行风险评估和信贷审批，制造行业利用物联网与工业互联网技术实现智能制造和柔性生产，物流行业利用区块链技术提高物流信息的透明度和安全性。这些应用领域的共同点在于，它们都关注如何通过数字技术的运用来提升传统产业的效率和竞争力。

相比之下，数字化思维的应用领域更为广泛，涉及教育、医疗、设计、管理等多个领域。数字化思维的核心是运用数字技术与数据来解决复杂问题、进行创新思考和跨领域整合。在教育领域，数字化思维有助于教师和学生运用数字技术与工具进行创新教学和学习，例如在线教育、虚拟现实教育等；在医疗领域，数字化思维有助于医生和研究人员运用数字技术与数据提高诊断准确性和医疗服务质量，例如远程医疗、智能医疗等；在设计和艺术领域，数字化思维有助于设计师和艺术家运用数字技术与数据创造独特的作品和解决方案，例如虚拟现实设计、数字艺术等。这些应用领域的共同点在于，它们都关注如何通过数字化思维来高效赋能行业发展，推动各个领域的创新。

4.2.3 数字经济与数字化思维在发展阶段的差异

数字经济和数字化思维在发展阶段上存在着明显的差异，这种差异主要是由于它们的发展速度、成熟度和应用广度等方面的不同。

数字经济作为一种新兴的经济形态，其发展速度非常快，已经成为全球经济增长的重要引擎。数字经济的核心在于利用数字技术与数据来提高生产效率和资源配置效率，这使得它在商业、金融、制造等领域具有广泛的应用前景。随着数字技术的不断进步和普及，数字经济的规模和影响力也在不断扩大。目前，数字经济已经进入相对成熟的阶段，商业模式和经济增长点已经相对清晰稳定。然而，随着技术的不断更新迭代，数字经济仍将面临一系列的挑战，如数据安全、隐私保护、技术更新等问题。

相比之下，数字化思维的发展阶段则相对较早。早在 1999 年，田涛[34]在《软件世界》发表了关于数字化思维改变的文章。当时的数字化思维指的是在因特网影响下，人类的思维包含了更多的自由与选择，并没有与数字经济联系特别紧密。它是一种思维方式和方法论，旨在帮助人们更好地运用数字技术与数据进行创新思考和解决问题。虽然数字化思维的重要性逐渐得到广泛认可，但它的应用广度和深度仍需进一步拓展。随后，潘应和[35]、俞传飞[36]、胡春才[37]等先后研究了数字化思维对新闻传播业、建筑业、零售业等领域的影响，数字化思维与数字经济的关联也日渐密切。人们更清晰地认识到数字化思维在推进国民经济发展中的重要作用。目前，数字化思维仍处于不断发展和深化的阶段，其应用领域和价值创造潜力还有很大的发展空间。未来，数字化思维将更加注重跨界整合和创新思考能力的培养，以满足复杂问题的解决和新的价值创造的需求。

除了发展速度和成熟度的差异外，数字经济与数字化思维在发展阶段的差异还体现在它们所面临的挑战和机遇上。数字经济面临的挑战主要包括技术更新迭代、数据安全和隐私保护等方面的问题；而数字化思维面临的挑战主要包括如何拓展其应用领域、提高跨界整合和创新思考能力等方面的问题。同时，两者也面临着不同的机遇。数字经济将继续受益于数字技术的不断创新和应用，推动经济的持续增长；而数字化思维的机遇更多地在于通过创新思考和工具的应用来创造新的价值与解决方案。

在未来，数字经济和数字化思维将相互促进、共同发展。数字经济的快速发展将进一步推动数字技术的创新和应用，为数字化思维提供更广泛的应用场景和工具；而数字化思维的不断深化将有助于人们更好地理解和运用数字技术与数据，为数字经济发展提供更强大的创新动力。两者的协同发展将共同推动全球经济的持续增长和社会进步。

4.3　数字经济与数字化思维的互动发展

4.3.1　数字经济驱动数字化思维的发展

在数字技术的推动下，人们需要转变思维方式，以更好地适应和引领数字经济的发展。

第一，人们需要具备数据驱动的思维模式。在数字经济时代，数据成为决策的重要依据，人们需要学会利用数据来指导决策，通过数据分析和挖掘，发现规律和趋势，从而做出更科学、更有效的决策。这需要人们转变传统的经验驱动决策模式，以数据为基础进行决策和优化。

第二，人们需要具备创新思维。数字化技术日新月异，新兴业态层出不穷，人们需要勇于创新，利用新技术、新模式来推动产业升级和发展。这需要人们敢于尝试和探索新的可能性，不断推陈出新，以适应数字经济时代的快速变化。

第三，人们需要具备用户至上的思维模式。在数字经济时代，用户的需求与体验成为企业竞争的核心要素，人们需要更加注重用户的需求和反馈，以用户为中心进行产品与服务的设计和优化。这需要人们转变传统的产品驱动思维模式，不断提升用户体验和价值。

第四，人们需要具备跨界整合的思维模式。数字化技术打破了传统产业的界限，产业融合和跨界合作成为新的发展趋势。人们需要跨越传统的产业界限，整合各方资源，形成优势互补的生态系统。这有助于提高产业的整体竞争力，推动数字经济的持续发展。

第五，人们需要具备快速响应市场的思维模式。在数字经济时代，市场形势瞬息万变，快速响应市场变化的能力越发重要。这需要人们及时把握市场动态和变化趋势，迅速调整战略和业务模式，以适应市场的变化并抓住市场机遇。

综上所述，数字经济驱动数字化思维的发展要求人们转变思维方式，具备数据驱动、创新、用户至上、跨界整合和快速响应市场的思维模式。这些思维模式的转变有助于人们更好地适应和引领数字经济的发展，推动数字经济的持续健康发展。

4.3.2 数字化思维推动数字经济的进步

当前，世界正经历百年未有之大变局，国际力量的对比正在发生深刻的变化。随着全球经济发展主动权的竞争日益聚焦于数字经济，数字化思维在其中的作用越发凸显。领先的国家和地区已经开始运用前瞻性的战略视角，强化对数字技术和产业的布局，并通过推进数字化应用、优化数据安全流通治理等方式，来抓住数字经济发展的历史性机遇。

以美国为例，他们通过实施《美国数字经济议程》《2021 年美国创新和竞争法案》等一系列政策，聚焦于人工智能、量子计算、先进制造、5G 等关键数字技术领域的创新和发展。这种以数字化思维为导向的策略，旨在确保其在全球数字经济竞争中的领先地位。

欧盟也同样重视数字化思维的作用，先后出台了《塑造欧洲数字未来》《欧洲数据战略》《欧洲数字主权》《2030 年数字罗盘》等一系列政策文件，以谋划在数字经济领域的领先优势。这些政策不仅体现了欧盟对数字经济的深刻理解，也展示了他们运用数字化思维来推动经济发展的决心。

与此同时，日本也提出了"互联工业""社会 5.0""数字新政"等战略，力求在全球半导体材料、关键元器件等领域取得领先地位，并通过数字经济来拉动经济增长和社会变革。这种以数字化思维为引导的发展模式，正逐渐成为日本在全球竞争中的重要策略。

总的来说，数字经济已经成为全球竞争的新高地，数字化思维在这场竞争中发挥着关键的作用。领先的国家和地区都在运用数字化思维来制定与实施发展战略，以期在全球数字经济竞争中占据有利地位。这种以数字化思维为导向的竞争模式，正在推动全球竞争格局的重塑。

4.3.3 未来数字经济与数字化思维的融合趋势

未来数字经济与数字化思维的融合趋势将进一步加强，两者相互促进、相互依赖，呈现出以下几个主要特点。

①数据驱动的决策将成为常态。随着大数据技术的不断发展，数据将成为决策的重要依据。企业将更加注重数据收集、分析和挖掘，以数据驱动决策，提高决策的科学性和准确性。数据驱动的决策将渗透到各个领域，从产品设计、生产、销售到服务，都离不开数据的支持。

②数字化思维将深入人心。随着数字化技术的普及和推广，数字化思维将逐渐成为人们思考问题的默认方式。无论是企业还是个人，都将更加注重数字化思维的培养和应用，以更好地适应数字化时代的发展。数字化思维将促进人们创新能力的提升，推动新业态、新模式不断涌现。

③跨界融合将成为产业发展的主流。数字化技术的发展打破了传统产业的界限，企业将更加注重跨界合作，整合各方资源，形成优势互补的生态系统。跨界融合将促进产业的创新和升级，推动数字经济的快速发展。

④个性化需求将得到更充分满足。随着数字化技术的发展，企业将更加注重对用户个性化需求的研究和满足。通过大数据分析和人工智能技术，企业可以更好地了解用户需求和行为习惯，为用户提供更加精准、个性化的产品和服务。个性化需求的满足将提升用户体验和价值，增强企业的市场竞争力。

⑤智能化技术将成为数字经济引领方向。数字化技术的发展促进了人工智能技术的进步，智能化技术将在各个领域得到广泛应用，从智能制造、智能家居到智能交通等，为人们的生活带来更多便利和创新。

⑥网络安全和隐私保护将成为重要议题。随着数字化技术的广泛应用，企业和个人将更加注重网络安全和隐私保护，加强数据安全防护和隐私保护措施。同时，政府也将加强对网络安全和隐私保护的监管和管理，保障数字经济的健康发展。

⑦可持续性将成为数字经济发展的重要考量因素。在数字经济发展过程中，企业和个人将更加注重环境保护和社会责任，推动数字经济的可持续发展。同时，政府也将加强对数字经济的监督和管理，引导数字经济的绿色、可持续发展。

⑧数字治理体系将逐步完善。随着数字经济的快速发展，政府将加强对数字经济的规划和管理，建立健全数字治理相关法律法规和政策体系。同时，行业组织和企业也将积极参与数字治理体系建设，共同推动数字经济的健康发展。

这些趋势特点将共同推动数字经济的快速发展和持续进步，为人类社会带来更多机遇和挑战。为了应对数字经济与数字化思维的融合趋势和挑战，企业和个人需要不断学习和掌握新的知识与技能，提高自身的数字化素养和能力；同时，也需要与社会各界加强合作与交流，共同推动数字经济的健康发展。通过共同努力和创新实践，我们可以更好地把握数字经济与数字化思维融合发展的机遇和挑战，推动数字经济的可持续发展和社会进步。

本章课件

第 5 章
数字化思维与商业模式创新

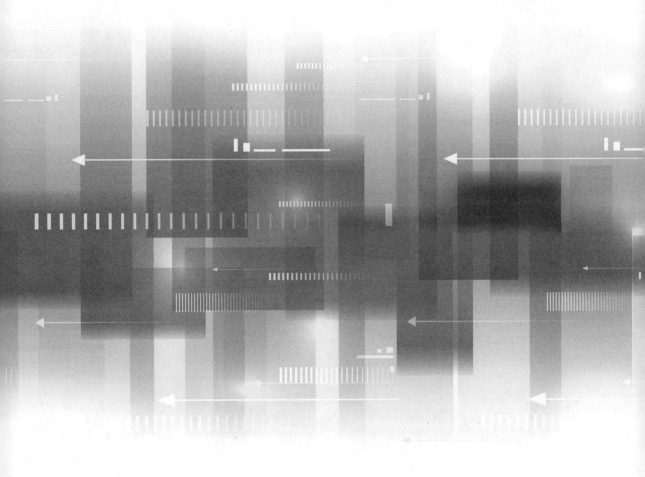

5.1 数字化思维在商业模式创新中的作用

5.1.1 企业生命周期理论简介

企业生命周期理论的创立者伊查克·爱迪思（Ichak Adizes）认为，企业如同生物体，经历从出生、成长、成熟到衰退的生命周期。企业在不同发展阶段会面临不同的挑战和机遇。在经历过这几个阶段后，企业通常面临着消亡、稳定、转向三种结局。企业生命周期理论的研究目的在于为处于不同生命周期阶段的企业找到能够与其特点相适应并能不断促进其发展延续的特定组织结构形式，使得企业可以在内部管理方面找到一个相对较优的模式来保持其发展能力，在每个生命周期阶段内充分发挥特色优势，进而延长生命周期，实现自身的可持续发展。

如图 5-1 所示，爱迪思将企业生命周期理论细化为十阶段模型，分别为孕育期、婴儿期、学步期、青春期、盛年期、稳定期、贵族期、后贵族期、官僚期和死亡期。[38]

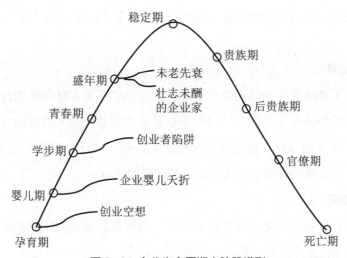

图 5-1 企业生命周期十阶段模型

（1）孕育期

在该阶段，企业尚处于创业者的构想之中，行业可行性研究、市场与资金等条件的重要性凸显。企业需要确保其创业动机与市场需求相契合，追求附加值而非单纯的投资回报。

（2）婴儿期

当企业从构想转化为实际，便进入了婴儿期。此时，企业开始面临经营风险，从单纯构想转向实际行动，企业家对企业的重视和资金的获取成为关键。这一阶段，企业的目标是求生存，需要不断开拓市场和优化产品设计。

（3）学步期

随着企业的进一步发展，产品或服务逐渐被市场接受，企业进入学步期。这一阶段，企业的主要目标是推动销售收入增长，快速在市场中站稳脚跟，扩大市场规模和盈利能力。此时，企业需要逐步完善内部管理制度，推动规范化运作。

（4）青春期

这一阶段，企业高速成长，技术优化、创新能力提升，规模效应显现；同时，人力资源质量提高，组织结构逐渐完善。企业的盈利模式趋于成熟，财务状况稳定，然而也需警惕盲目扩张的风险。

（5）盛年期

盛年期是企业生命周期中最理想的阶段。企业独立且成熟，对创业者依赖降低。企业内部制度与组织结构完善，重视消费者需求。企业有应对市场压力的措施，并分化出新的事业和组织。在这一阶段，企业需保持创新能力，避免失去活力。

（6）稳定期

稳定期并不意味着企业已经停滞不前，企业仍然需要不断创新和改进，以适应市场的变化和竞争的压力。同时，稳定期也是企业积累经验和资源的好时机，为未来的发展打下坚实的基础。但是随着规模扩大，企业灵活性降低，出现衰老迹象。在这一阶段，企业需要警惕创新活力丧失和衰退的风险。

（7）贵族期

企业膨胀、自我中心化，保护意识增强，与顾客联系减弱，控制系统、福利等投入增加，工作注重形式而非内容，创新机制失灵。

（8）后贵族期

企业内部冲突加剧，工作重心转向权力争夺而非产品创新与提升，更关注责任追究而非解决问题。

（9）官僚期

企业与外部环境脱节，只关心自身，规章制度齐备但经营效率低下。企业对此缺乏控制意识。

（10）死亡期

企业资源耗尽，激励消失，无人负责。企业经营无法产生现金流，面临崩溃与死亡。这一阶段可能持续数年，也可能突然而至。

总结来说，企业发展分为新生期、成长期、稳定期和衰退期，根据发展期的不同，企业的发展布局会有不同的区别：新生期考验领导者个人能力，需要领导者带领团队好好生存；成长期需要考虑推广运营，确保快速占领市场；稳定期需要做好客户维护和细分领域突破，完善细分企业组织架构；衰落期需要剔除无意义团队，从新的领域和产品寻求新的突破。

利用企业生命周期理论为处于不同生命周期阶段的企业找到与其特点相适应的组织结构形式。企业需要根据自身的发展阶段和特点，选择适合的组织结构形式，以保持企业的发展能力。企业生命周期理论不仅关注企业的生存，更关注企业的发展。通过不断调整和创新组织结构形式，企业可以不断适应市场变化，提高自身竞争力，实现可持续发展。每个企业都有自己的特色与优势，在生命周期的不同阶段，这些特色与优势的表现形式和作用也不尽相同。企业需要根据自身的特色、优势和市场环境的变化，制定合适的发展战略，以保持和发挥自身的竞争优势。

5.1.2　数字化思维在企业生命周期各阶段的影响

商业模式是指企业为利益相关者创造和传递价值的过程。[39]目前，许多学者已经关注到打破传统思维，以数字化思维和数字化技术驱动商业模式创新的重要作用。例如，王涛[40]从思维、商业、营销等多模式角度，分析了出版行业在数字化时代下的变革路径。苏敬勤等[41]以飞贷金融科技为例，探究技术整合与技术开发对数字化商业模式架构创新的影响。结合企业生命周期理论，数字化思维在企业的不同发展阶段中具有独特的影响和价值，有助于推动商业模式的创新。

在初创期，数字化思维主要帮助企业快速获取市场反馈和消费者偏好。通过数据分析，初创企业可以更准确地定位目标市场，确定产品或服务的方向，并通过在线平台和社交媒体进行低成本的营销推广。通过云计算技术，初创企业可以以较低的成本存储和分析大量数据，为决策提供支持。这些都有助于初创企业快速了解市场需求和消费者偏好，从而确定产品或服务的方向。

在成长期，随着企业规模扩大，数字化思维有助于优化企业运营和管理。通过引入自动化软件、物联网设备等各种数字化工具，企业可以提高生产效率、降低成本并增强供应链的透明度。此外，利用大数据分析，企业可以更精准地进行市场预测，提前布局战略规划。

在成熟期，数字化思维有助于企业进行产品和服务的创新。通过与用户进行实时互动，企业可以快速获取产品反馈，进行迭代更新。同时，开放平台战略可以吸引更多的合作伙伴和开发者，为企业带来更多的商业机会和价值。

在衰退期，面对市场变化和竞争压力，数字化思维有助于企业进行战略转型。通过对市场、技术和消费者行为的深入分析，企业可以利用人工智能、区块链等新技术开发新的产品和服务，寻找新的商业模式和市场定位，找到新的业绩增长点并进行业务模式的创新。

5.2 基于数字化思维的商业模式创新路径

5.2.1 数字化时代商业模式的变革趋势

商业模式创新是一种需要企业不断调整、持续整合并优化资源的对价值创造模式的变革性追求。[42]在数字化时代，企业纷纷以数字化为战略导向，商业模式的变革趋势呈现出定制化、平台化、共享经济等新的时代特征。

首先，在定制化方面，随着消费者需求的日益多样化，企业需要提供个性化的产品或服务来满足消费者需求。数字化技术为企业提供了强大的数据分析和处理能力，企业能够更好地满足消费者需求，提供定制化的产品或服务。例如，一些购物网站通过收集和分析消费者数据，了解消费者的偏好、需求和行为模式，从而为消费者提供更加个性化的产品或服务。这种定制化的商业模式不仅满足了消费者的需求，还进一步提高了企业的销售业绩和市场份额。

其次，数字化时代为平台化商业模式提供了更多的机会和可能。平台化商业模式的核心是通过构建一个平台，联结供给和需求双方，优化资源配置，提高效率，实现价值创造。例如，贝壳是一家集线上、线下于一体的房地产交易与服务平台。贝壳找房成立以后，之前在链家地产投资的融创、万科、百度、腾讯等股东所占有的股份，以镜像协议的方式平移到贝壳找房，使其成为大型O2O（online to offline，线上到线下电子商务）互联网房地产信息与交易中介平台。贝壳找房实际上是中国房地产中介服务机构通过互联网化进行全面发展的一个非常好的试验平台。它将原本纯线下的房地产服务逐渐演变成互联网化的房地产服务类型。贝壳找房在发展过程中，把房地产交易的各个环节进行了全流程的拆分和标准化的重构，实现了个性化搜索、智能推荐、VR看房、交易可视化、简化安全的线上金融服务等全方位的结合，所以从这个角度来看，贝壳找房已经不再是简单的房地产中介，而是一个全面互联网化的数字房地产交易平台。这种平台化商业模式不仅提高了资源利用率，还为各方带来了更多的商业机会和价值。贝壳找房的个性化搜索是通过数字化技术实现的。具体来说，贝壳找房利用大数据和人工智能技术，对海量的房源信息进行整合和分析，并根据用户的需求和偏好进行智能推荐与个性化搜索。当用户在贝壳找房平台上进行搜索时，平台会根据用户的输入和筛选条件，在数据库中进行匹配和筛选。同时，平台还会根据用户的偏好和历史行为，推荐符合其需求的房源。[43]这些推荐基于用户画像、房源信息和交易历史等多维度数据，通过机器学习和数据挖掘等技术进行计算与匹配。此外，贝壳找房还提供了个性化搜索服务，可以根据用户的需求和预算等条件，定制专属的搜索列表和排序方式。这种个性化搜索服务不仅提高了用户的搜索效率和满意度，还进一步提升了贝壳找房的服务品质和用户体验。

最后，如果说平台化更关注资源的优化配置和价值创造，那么共享经济的商业模式则更注重资源的分享和利用，以实现资源的最大化利用和减少浪费。数字化技术的发展使得共享经济的实现更加便捷。但是，通常情况下，共享经济和平台经济是同时存在的。例如，共享单车、共享汽车等以共享平台模式，通过数字化技术对闲置的资源进行高效利用，实现资源的最大化利用。这种共享经济的商业模式不仅提高了资源的利用率，还为消费者带来了更加便捷和经济的服务。以共享单车为例，共享单车平台利用物联网技术和大数据分析，对共享单车的投放、调度和使用进行智能化管理。通过大数据分析，共享单车平台可以了解用户需求和骑行行为，从而预测不同时间、不同地点的用车需求。根据这些预测，平台可以合理地规划车辆的投放数量和地点，避免出现车辆过多或过少的情况，从而提高资源的利用率。根据车辆需求和位置信息，平台结合智能调度系统自动派遣维护人员对车辆进行维修和更换。这样不仅可以保证车辆的正常运行，还可以及时将故障车辆撤离，提高车辆的使用率。此外，共享单车平台还通过智能锁、导航卫星系统等技术，实现对车辆的实时监控和管理。用户可以通过手机app查找附近的可用车辆，并通过智能锁开锁使用。这种智能化的管理方式不仅方便了用户，还进一步提高了共享单车资源的利用率。如图5-2所示，共享单车的商业模式以获取共享单车租金和押金收入为主要收入项，同时也在共享平台上投放广告获取一部分导流费；在成本方面，主要涉及单车制造成本、日常运营和维修成本、用户教育成本等项目。这种模式不仅为用户提供了便捷的出行方式，还为企业带来了商业机会和价值。

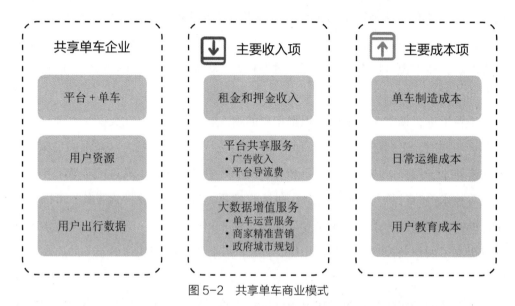

图 5-2　共享单车商业模式

总之，在数字化时代，企业需要紧跟时代步伐，不断调整和优化商业模式，以适应数字化时代的发展需求，通过定制化的产品或服务满足消费者需求，通过平台化商业模式提高效率、实现价值创造，通过共享经济实现资源的高效利用。

5.2.2　数字化思维在商业模式创新中的关键作用

数字化思维在商业模式创新中的关键作用主要体现在推动企业从产品中心、顾客中心向数据中心转变。这种转变不仅仅是商业模式的升级，更是思维方式和管理模式的革新。数字化思维强调利用数据来驱动决策和创新，从而实现更高效、更具针对性的商业活动。

从产品中心向顾客中心的转变，主要是指企业需要将顾客的需求和体验放在首位，而不仅仅是关注产品的生产。过去，企业往往以产品为中心，关注产品的生产、质量和销售。然而，在数字化时代，消费者需求和行为模式发生了巨大变化，企业必须以顾客为中心，深入了解顾客需求，提供个性化的服务和解决方案。数字化思维要求企业具备以顾客为中心的思维方式，强调利用大数据、人工智能等技术手段，对消费者数据进行深入分析，从而精准把握消费者需求，提供更加贴心和定制化的服务。

顾客中心已经不再是单纯地满足顾客需求，而是要通过数据来驱动决策和创新。企业需要构建数据中心，整合内外部数据资源，深入挖掘数据价值，为企业的决策和创新提供强有力的支持。数字化思维注重数据获取、整合、分析和应用的全过程，要求企业具备高效的数据处理和分析能力，同时还要建立数据驱动的决策机制和文化，使数据成为企业的重要资产和核心竞争力。从顾客中心向数据中心的转变，就是指企业需要将数据作为核心资源，实现数据驱动的决策和创新。在数字化时代，数据成为企业的重要资产，能够为企业带来巨大的商业价值。数字化思维要求企业具备数据获取、整合、分析和应用的能力，通过数据来优化业务流程、提升用户体验、开发新产品和服务。同时，数据还可以帮助企业更好地理解市场需求和竞争态势，制定更加科学的商业策略。

数字化思维在强调开放性与创新性的同时，更倡导企业摒弃固有的思维桎梏与组织框架，积极拥抱外部的合作伙伴与生态系统，携手共创价值。这种思维为企业注入了源源不断的创新活力，激励企业不断探索崭新的商业模式与增长契机。借助数字化思维，企业能够鹰击长空，敏锐地洞察市场的微妙变化与竞争态势，迅速捕捉机遇，灵活应对挑战，在数字化浪潮中乘风破浪，书写属于自己的辉煌篇章。

数字化思维在推动企业从产品中心、顾客中心向数据中心的转变中起着关键作用。一方面，数字化思维强化了以顾客为中心的理念，利用数据来洞察消费者需求和行为，提供更加贴心和个性化的服务。另一方面，数字化思维强调数据作为核心资源的重要性，通过数据驱动决策和创新，实现更加高效和有针对性的商业活动。在这个转变的过程中，数字化思维为企业商业模式变革提供了全新的视角和思维方式，帮助企业适应数字化时代的发展需求，实现商业模式的创新和升级。

5.2.3 商业模式创新路径的设计与实施

商业模式创新，已成为企业在激烈的市场竞争中谋求持续发展的锐利武器。而基于数字化思维的商业模式创新路径，则有助于企业迅速捕捉商机，提升竞争优势。在数字化思维的引领下，企业不仅能够快速适应市场的每一次脉动，更能在激烈的市场竞争中独树一帜，绽放独特的商业魅力。

商业模式创新路径的第一步应该做到洞察用户需求。在数字化时代，用户的需求更加多样化、个性化。企业应运用大数据、人工智能等技术，深入挖掘用户行为数据，精准把握用户需求。通过建立用户画像，了解用户的消费习惯、偏好、痛点等信息，为产品研发、营销策略制定提供有力支持。在确定好用户需求后着手构建平台生态。平台化是商业模式创新的重要方向。企业可以搭建一个联结各方资源的平台，通过整合资源、优化配置，提高整个生态系统的效率和效益。平台可以聚集供应商、合作伙伴、用户等利益相关者，形成互利共赢的生态圈。同时，平台应具备良好的开放性，不断引入新的资源，保持生态系统的活力。

数字化技术有助于企业重新审视和优化价值链。因此，企业可以运用大数据分析、云计算等技术，对价值链中的各个环节进行精细化管理和优化。例如，通过数据分析发现生产过程中的瓶颈环节，有针对性地进行改进；运用云计算降低信息技术成本，提高运营效率。在传统商业模式中，企业往往依赖于单一的盈利模式，如产品销售、服务收费等。在数字化时代，企业可以探索多种盈利模式，如基于数据的增值服务、广告收入、平台佣金等。通过多元化的盈利模式，企业能够更好地应对市场变化，提高抗风险能力。在数字化时代，企业间的合作关系越发重要。企业应积极与合作伙伴建立良好的合作关系，共同开发新产品、拓展市场。通过建立共赢的合作关系，企业能够更好地整合资源、降低成本、提高竞争力。

商业模式创新是一个持续的过程。企业应保持敏锐的市场洞察力，不断跟踪行业动态和竞争对手的动向，及时调整和创新商业模式；同时，鼓励内部员工提出创新意见和建议，激发组织的创新活力。通过持续改进和创新，企业能够保持竞争优势，实现可持续发展。数字化思维和技能是商业模式创新的关键。企业应重视数字化人才的培养和引进，建立完善的人才激励机制，吸引和留住优秀人才。通过培养具备数字化思维和技能的团队，企业能够更好地把握市场机遇，实现商业模式的成功创新。商业模式创新涉及诸多不确定性因素，企业应充分评估潜在的风险和挑战。在创新过程中，企业应建立健全风险预警机制，及时发现和应对风险；同时，制定灵活的应变策略，以便在市场环境发生变化时迅速调整商业模式。通过有效的风险控制，企业能够降低创新风险，提高商业模式创新的成功率。

另外，不同行业之间存在许多共通之处，企业可以通过跨行业合作与借鉴，汲取其他行业的成功经验和创新做法。通过跨界合作，企业能够打破思维定式，激发新的创意和商业模式；同时，关注国际市场动态，了解国际先进的商业模式和趋势，为创新提供更广阔的视野。在实施新的商业模式时，企业应不断收集市场反馈和运营数据，对模式进行迭代与优化，快速响应市场变化和用户需求，不断完善产品和服务体系。通过不断迭代与优化，企业能够逐步提升商业模式的竞争力并获得持续成功。

以苹果公司为例，这家全球知名的科技公司成功地运用了数字化思维进行商业模式创新。苹果不仅在其核心产品如 iPhone、iPad 和 Mac 上持续创新，还通过跨行业合作与借鉴，将音乐、电影、图书等多媒体内容整合到其设备和服务中，打造了独特的生态系统。通过 iTunes 和 App Store 等平台，苹果吸引了众多开发者和内容创作者，共同为用户创造丰富的数字体验。这种跨界合作和生态系统建设，不仅打破了传统行业的思维定式，还激发了新的创意与商业模式。同时，苹果始终关注国际市场动态，紧跟全球技术趋势，不断将先进的技术与理念应用到其产品和服务中。例如，苹果在支付领域的创新——Apple Pay，就是借鉴了金融行业的成功经验，并将其与自身的技术和用户基础相结合，打造出了独特且便捷的支付体验。在实施新的商业模式时，苹果也非常注重市场反馈和运营数据的收集。通过不断地迭代和优化产品与服务，苹果能够快速响应市场变化和用户需求，持续完善其商业模式。这种持续改进和创新的精神，使得苹果能够在竞争激烈的市场环境中保持领先地位，并持续为用户带来惊喜和价值。

5.3 数字化思维与商业模式创新的实践案例

5.3.1 中国石油的数字化转型与商业模式创新

随着全球数字经济的蓬勃发展，各行各业都面临着数字化转型的迫切需求。传统行业在经济增长放缓的背景下，更加需要借助数字化技术来提升竞争力。数字化转型不仅有助于企业优化业务流程、降低成本，还有助于企业提供更个性化的产品和服务，增强与客户的互动。

以壳牌、BP 等石油企业为例，这些大油商通过数字化技术实现了无人勘探、智能炼厂和智慧加油站，不仅提高了生产效率，还为客户提供了更便捷的服务体验。这种转型在增强企业市场竞争力的同时，也为消费者带来了实实在在的便利。此外，数字化转型也催生了新的商业模式和合作机会。企业可以利用大数据分析更准确地了解市场需求，从而开发出更符合消费者需求的产品。同时，数字化平台为各行业间的合作提供了便利，使得跨行业合作成为可能，进一步拓展了商业机会。

中国石油集团共享运营有限公司（简称共享运营公司）成立于 2019 年，这一创新型企业在全面深化中国石油天然气集团有限公司的管理体制改革背景下应运而生。共享运营公司致力于"打造世界一流的智能型全球共享服务体系"，以优质高效的服务为公司、员工和合作伙伴创造价值，推动管理转型，为合规经营保驾护航，并持续为公司创造价值。

共享运营公司采用"一个平台、多路共享"的建设原则，主要向内部业务单元提供财务和人力资源共享服务，包括自动判断制证业务类型、匹配相关费用要素、完成记账、校验表单与凭证的一致性、核对收款单位信息及汇总日资金计划等功能。此外，还对会计凭证、原始凭证、会计账簿、财务报表等进行自动组卷，极大地提高了工作效率和准确性。

在商业模式创新方面，共享运营公司自成立之初便将数字化作为高质量发展的战略性工程。通过充分利用大数据、移动互联、云计算和人工智能等数字化技术，共享运营公司在数字化商业服务方面展开了一系列实践。利用机器人流程自动化（RPA）业务处理技术打造中国石油"小铁人"机器人，处理大量繁杂的、基于规则化的工作流程，实现了如图 5-3 所示的七大类业务的自动化高效处理，据统计平均效率相比人工提高了近 20 倍。[44] 通过搭建进项税发票管理平台和建立统一的进项税发票池，中国石油实现了自动获取增值税全票面信息，以及发票的自动查重、验真和认证等功能。这不仅提高了发票处理效率，还大大降低了错报、重报、虚假发票等风险，提升了合规管控能力。

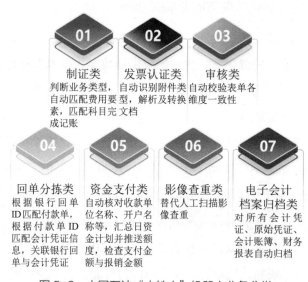

图 5-3 中国石油"小铁人"机器人业务分类

在员工差旅方面，中国石油拥有庞大的员工群体，每年有大量员工需要进行差旅报销。在共享运营公司成立之前，各所属企业自行采购和结算，无法发挥集约效应。为了提高效率和节约成本，共享运营公司将所有企业差旅报销纳入共享服务范围，并整合内外部商旅管理资源，采用 B2B（business to business，企业对企业电子商务）模式提供一站式商旅服务。通过这种模式，员工出差的全流程都可以通过一站式服务平台完成，包括事前申请、商旅预订、出差报销和资金结算等。员工不再需要重复录入和审批，提高了整体运行效率。同时，员工出行无须垫付费用，简化了报销流程，提升了出行体验。此外，集采效应的发挥也降低了商旅成本。

除了提供服务外，该平台还积累了大量的差旅数据。通过分析这些数据，平台可以更精准地了解员工的差旅行为和习惯，并基于这些数据为员工推荐合适的出行线路和住宿酒店，提高出行效率，节约出行成本。同时，平台通过异常行为监测，可以纠正员工出差中的不规范行为，提高合规性。通过对机票、火车票和酒店预订情况的分析，可以对价格、时点、地理位置和用户偏好等进行预测，进一步拓展集采服务提供商，降低集采成本。

共享运营公司通过数字化服务和商业模式创新，不断提升服务质量与效率，为中国石油的发展提供了强大支持。在不断变化的全球市场环境下，这些创新举措将有助于中国石油保持竞争优势并实现可持续发展。

5.3.2 小米的数字化转型与商业模式创新

小米科技有限责任公司（简称小米）成立于 2010 年 3 月 3 日。公司自创办以来专注于智能硬件、电子产品、芯片研发、智能手机、智能电动汽车、通信、金融、互联网电视和智能家居生态链建设，是一家全球化移动互联网企业、创新型科技企业。此外，小米应用互联网开发模式，致力于让全世界每个人都能享用来自中国的优质科技产品。作为一家互联网企业，小米努力通过数字化转型实现快速成长并打造具有竞争力的商业模式。

小米采用互联网化的运营模式，通过线上渠道销售产品，降低了运营成本，提高了运营效率；同时，通过与用户互动，不断获取用户反馈和需求，快速迭代产品，提高了用户满意度。小米始终坚持"为发烧而生"的产品理念，这一理念源自小米的创始人雷军。他认为，只有真正了解用户需求，才能创造出真正符合用户期望的产品。因此，小米在产品研发过程中，始终将用户需求放在首位，通过深入了解用户需求，不断优化产品设计和功能，力求为用户带来更好的使用体验。小米通过精准的市场定位和用户需求洞察，不断推出具有创新性的产品。在产品研发之前，小米会对市场进行深入调研，了解用户的需求和痛点，从而确定产品的定位和功能。

同时，小米还会通过线上社区、社交媒体等渠道收集用户反馈和意见，及时了解用户对产品的评价和改进建议，以便不断优化产品设计和功能。

小米的供应链模式是一种高效、灵活且响应迅速的模式，它结合了C2B（customer to business，顾客对企业电子商务）预售、拉动式生产、销售渠道扁平化、轻资产模式和供应链的快速响应等多个关键因素。每种因素的具体模式和运作效果如下。

（1）C2B预售

小米通过其电商平台，提前收集用户的购买意向和需求，再根据这些需求进行产品的设计和生产。通过预售，小米能够提前了解消费者的需求和购买意向，从而更准确地预测和计划生产。这避免了由需求不确定性导致的库存积压和浪费。预售模式允许小米与消费者进行更紧密的互动，用户可以参与产品的设计和改进。这种参与感有助于提高用户的忠诚度和满意度。比如，小米手机通过优化供应链条，实现了从研发组到供应商、代工工厂、核心企业再到顾客的简洁高效流程。这种供应链条避免了烦琐的中间代理商和流转环节，形成了顾客与生产商之间的直接联结，从而成为小米手机成功的关键因素。通过缩短供应链条，小米手机显著降低了经营成本，为自身带来了可观的收益。此外，小米通过采用C2B预售模式，精细管理供应链的上下游企业，实现了供应链的快速响应，并最大限度地减少了库存量。这种策略不仅优化了库存管理，还有效降低了企业的运营成本，从而提高了盈利水平。通过不断地优化供应链条和管理模式，小米手机得以在竞争激烈的市场中脱颖而出，赢得消费者的青睐。

（2）拉动式生产

拉动式生产是一种生产管理方式，其主要特点是以市场需求为导向，通过精确的需求预测和计划，实现生产的高效运作。在这种模式下，生产活动是根据实际订单来进行的，而不是基于预测或预设的生产计划。这样可以避免过度生产和浪费，降低库存成本。小米的生产模式是以需求为导向的，即根据用户的实际订单来安排生产，避免过度生产和浪费。同时，通过与供应商建立紧密的合作关系，小米能够确保快速获得生产所需的零部件和原材料。

（3）销售渠道扁平化

销售渠道扁平化是指企业通过减少销售过程的中间环节，实现更直接的销售和客户服务。扁平化的销售渠道有助于降低销售成本，提高运营效率，同时更好地了解客户需求和市场变化。小米的产品主要通过自己的电商平台和线下直营店销售，减少了中间环节，降低了销售成本。同时，这种扁平化的销售渠道也使得小米能够更直接地与用户沟通，了解用户需求和市场变化。

（4）轻资产模式

小米注重产品设计研发和营销等核心竞争力的建设，而将生产制造等重资产环节外包给专业的制造商，开创了"订单式"电子商务模式。通过"按需定制"，这种轻资产模式使得小米能够更专注于自己的优势领域，同时降低运营成本。另外，小米也专注于提供高质量的互联网服务，包括操作系统、云存储、音乐、视频等。这些服务为小米带来了持续的收入和利润。

（5）供应链的快速响应

小米通过与供应商建立紧密的合作关系，以及利用先进的信息技术手段，实现了对供应链的实时监控和管理。这使得小米能够快速响应市场变化和用户需求，及时调整生产计划和销售策略。小米通过投资和合作，构建了一个涵盖硬件、软件和服务的庞大生态圈。这不仅提高了用户黏性，还为小米带来了更多的收入来源。

整体而言，小米的供应链模式是一种高效、灵活且响应迅速的模式。它充分利用互联网和电子商务的优势，实现了与用户的紧密互动和快速响应。这种模式不仅降低了运营成本和市场风险，还使得小米能够更精准地满足用户需求，提升用户体验。

5.3.3 案例比较与启示

中国石油和小米都是各自行业的领军企业。虽然行业领域不同，但都选择通过数字化转型和商业模式创新，实现了快速成长和高效运营。这两个案例有许多值得借鉴的经验和教训。对比分析中国石油和小米的案例，总结其数字化转型与商业模式创新的异同点如表5-1所示。

表5-1 中国石油与小米案例比较

公司	相同点	不同点		
		行业背景	数字化转型程度	商业模式创新
中国石油	·通过数字化技术实现了企业内部的优化和升级;数字化技术不仅提高了运营效率,还降低了成本,优化了用户体验。	主要服务于石油行业	更注重企业内部流程的数字化改造	通过整合内外部资源,提供一站式服务,实现了商业模式的创新。
小米	·坚持以用户为中心的理念,通过深入了解用户需求,快速迭代产品,提高用户满意度。 ·通过创新商业模式,实现了从传统企业向数字化企业的转型;这种转型不仅提高了企业的竞争力,还创造了新的商业机会。	专注于智能硬件、电子产品等领域	对整个企业生态链进行了全面的数字化转型	通过互联网化的运营模式,实现了线上销售和快速迭代产品的商业模式创新。

对比分析以上案例,不难得出企业数字化转型与商业模式创新的一些可供借鉴的经验。

一是永远以用户为中心。无论是中国石油还是小米,两者都深知用户的重要性,都是通过数字化手段更深入地了解用户需求,提供个性化服务,从而提升用户体验。实际上,用户至上是企业得以生存的根本,任何企业都应该始终将用户放在首位,通过数字化的方式更好地满足用户的需求。

二是持续创新。数字化转型不是一蹴而就的,而是一个持续的过程。中国石油和小米都展示了持续创新的精神,不断探索新的商业模式和技术应用,以保持竞争优势。由于数字化转型是一个持续的过程,企业应不断优化和改进,以适应市场的变化和用户需求的变化。

三是注重整合资源。中国石油通过整合内部和外部资源,提供一站式服务,提高了工作效率和客户满意度。其他企业也可以考虑如何通过数字化手段整合内外部资源,制订适合自身企业发展的战略规划,逐步以数字化思维提高企业运营效率。

四是以数据驱动决策。这两家企业都充分利用了大数据分析,以数据驱动决策。数据驱动决策需要跨部门合作。企业应鼓励各部门之间数据共享和交流,以更好地理解业务全貌,做出更明智的决策。企业也应该重视数据,通过数据洞察市场趋势,优化产品和服务。

本章课件

第 6 章
数字化思维与管理创新

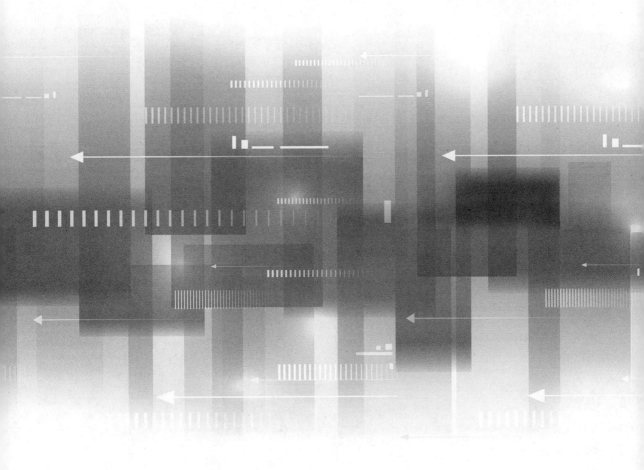

6.1 数字化思维在管理创新中的作用

孟晚舟认为，数字化的本质是战略层面的选择与规划。成功的数字化转型是由战略驱动的而不是由技术驱动的，因为企业在数字化转型的过程中必将面临深刻的管理革命，如果没有愿景的牵引或者文化的匹配，数字化转型带来的解决方案必定是失败的。因此，数字化转型的关键并不在于"数字化"三个字，而在于变革意识，树立数字化思维，支撑战略达成、实现激励等商业目标，这既是数字化转型的起点也是数字化转型的终点。[45]

数字化转型不仅仅是技术应用，更是一种战略转型和管理变革。数字化思维在管理创新中的作用主要体现在以下几个方面。

6.1.1 战略规划与愿景引领

在数字化大潮中，每一家企业都应该有一个清晰的数字化愿景。这个愿景不仅仅是对技术的追求，更是对未来市场、客户需求、竞争格局的深刻洞察。只有明确了愿景，企业才能确保在转型的过程中不迷失方向，始终保持与整体战略的同步。数字化目标则是实现这一愿景的具体步骤。它应该是可量化的、可操作的，并且与企业的长期发展目标紧密结合。通过不断地对目标进行调整和优化，企业可以确保在数字化转型的道路上稳步前进。

数字化思维要求企业从战略高度审视数字化转型，将其作为企业发展的重要驱动力。通过明确数字化转型愿景和目标，企业能够更好地引领数字化转型的方向，确保转型过程中的各项举措与整体战略保持一致。从产业链的角度看，数字化战略转型是依托5G基站、物联网感知、光纤通信等基础设施架构由底层向上游产业链重塑，带动全方位生产要素提升的过程。在国家战略层面，2021年1月国务院发布的《"十四五"数字经济发展规划》提出，未来我国数字经济的发展应以"优化升级数字基础设施、充分发挥数据要素作用"为基础支撑，将"大力推进产业数字化转型、加快推动数字产业化"作为发展主线，持续推动数字经济健康发展。[46]在行业层面，传统制造业是国家现代化产业体系的根基，国家高度重视原材料工业的数字化转型。为此，2024年1月，工业和信息化部、国家发展改革委等多部门联合印发了《原材料工业数字化转型工作方案（2024—2026年）》。原材料工业的数字化转型，是指利用先进的人工智能、5G和工业互联网技术，对材料研发设计、生产制造、企业经营管理、物流仓储、行业运行调控等各个环节进行深度融合和创新升级。这一转型旨在实现生产要素的全面感知、制造过程的精准模拟和运营管理的智能决策，推动产业数字化进程，进而提升全产业链的竞争力和运营效率，促进产业的绿色可持续发展。

6.1.2 变革管理与文化匹配

数字化转型往往伴随着深刻的管理变革和文化重塑。在过去，企业的竞争思维主要是基于与竞争对手的输赢博弈。在谈判桌上，双方以企业实力进行较量，优胜者占据主导地位。在行业中，竞争则直接关系到市场份额的争夺。竞争的结果往往决定了企业在市场中的地位。互联网时代的到来使得信息的传播速度和范围都得到了极大的提升。企业和消费者都能够更快速地获取和分享信息，彼此之间的信息差逐渐缩小，因而造成传统的竞争模式逐渐被共生模式取代。这种模式不仅强调利己，更注重利他，追求的是合作与双赢。互联网的发展为企业间的交流与合作提供了更广阔的平台，形成了众多企业集群。这使得市场竞争形态从过去的企业个体间的竞争，转向了各产业链之间、各生态系统之间的竞争。[47]这种转变不仅改变了企业间的关系，也重塑了整个市场的竞争格局。在共生思维的指导下，企业开始寻求更广泛的合作，以共同应对市场的挑战和机遇。这种模式下的竞争，更注重资源的共享、优势的互补和共同的发展。数字化思维强调变革意识，推动企业应对变革中的挑战，也要求企业文化与之相匹配，鼓励创新、开放和包容，为数字化转型提供有力的文化支撑。

在文化产业方面，中共中央办公厅、国务院办公厅于 2022 年 5 月印发了《关于推进实施国家文化数字化战略的意见》。该意见明确提出，到"十四五"时期末，基本建成文化数字化基础设施和服务平台，形成线上线下融合互动、立体覆盖的文化服务供给体系。展望 2035 年，未来将成功构建一个物理层面分布广泛、逻辑层面相互关联、信息获取快速精准、资源共享全面普及的国家文化大数据体系。这一体系将全方位展现中华文化的瑰宝，使中华文化的数字化成果真正成为全民共享的精神财富。

6.1.3 数据驱动决策与洞察

互联网的普及和信息技术的进步彻底改变了人们获取信息的方式。利用网络，人们能够实现精准、高效的信息查询，在此背景下企业传统的营销宣传效果大打折扣。然而，挑战与机遇并存。如今，人们越来越依赖于移动终端设备连接网络，在微博、微信、抖音等各类社交平台和短视频平台上浏览、接收信息。为了更好地适应这一变化，许多企业已经将营销的重点从线下转移到了线上，加入网络直播带货的大军中，采用多渠道、多形式的网络宣传和网络销售策略，有效地增强了营销效果，并扩大了客户群体。可以说，数字化营销已经成为当代企业营销模式的新潮流。这种高效、精准的营销模式，能够更好地满足消费者的个性化需求，其背后恰恰是数据驱动决策为企业带来的商机。数字化思维强调以数据为核心，通过数据分析和洞察来指导决策，有助于企业更好地理解市场、客户需求和业务运营状况，从而做出更加科学、合理的决策。数据驱动的决策能够提高效率和准确性，增强企业的竞争力。

实际上，在企业管理中，数据驱动除了与营销环节相结合之外，在产品创新、人才管理等方面同样有着广泛应用。例如，在产品的研发制造环节，通过在产品中加入传感器，收集产品使用过程中的数据，企业后台便可以更好地理解用户需求和使用习惯，提前预测和解决潜在问题，从而优化产品设计、改进生产工艺、提高产品质量；在组织结构优化中，数据驱动的管理模式打破了传统的以职能部门为单位的组织结构，以构建数据共享平台的方式，打破部门间的信息壁垒，强调跨部门的协作，提高组织效率、促进知识共享；在绩效考核中，通过对员工绩效数据的分析，更加准确地评估员工的能力和潜力，为员工提供更个性化的培训和发展机会。

综上所述，企业管理创新与数据驱动的结合有助于提高企业的竞争力、优化资源配置、降低运营成本、提升客户满意度。在未来，随着数据技术的不断发展，这种结合将更加紧密，为企业创造更大的价值。

6.1.4 重视创新与持续学习

创新是指引入新思想、新理念、新技术、新产品等，打破传统管理模式，推动企业进步和发展，旨在开辟新的领域、拓展新的市场，并满足客户不断变化的需求。创新不仅仅是技术的突破，还包括管理方式、商业模式、组织结构的变革。通过创新，企业能够提高自身的竞争力和适应市场变化的能力。转型则是指企业在不断变化的市场和社会环境中，为了应对新的市场机遇和挑战，对企业战略、组织结构、业务模式等方面进行深度变革和调整的过程。转型的目的是使企业更加灵活、高效，更好地适应市场的变化，提高自身的核心竞争力。企业管理创新和转型是相互关联、相互促进的概念。[48]创新可以为企业的转型提供动力和方向，而转型则是企业实现创新的重要手段和过程。在快速变化的市场环境中，企业管理创新和转型已经成为企业持续发展的必要手段。只有通过不断创新和转型，企业才能保持领先地位，实现可持续发展。

数字化时代变化迅速，企业需要具备持续学习和适应的能力。数字化思维鼓励员工不断更新知识和技能，以适应数字化发展的要求。通过培养员工的数字化思维，企业能够打造一支具备创新能力和变革精神的团队，为企业的可持续发展提供源源不断的动力。在数字化时代，新兴的互联网短视频企业——字节跳动便是一个很好的例子。字节跳动成立于2012年，现已成为全球最大的独角兽企业之一，旗下拥有抖音、今日头条、西瓜视频等多个知名产品。字节跳动非常注重创新和持续学习。在产品研发方面，公司鼓励员工不断尝试新的创意和技术，推出了抖音的短视频模式，在全球范围内引起了广泛的关注和模仿。同时，字节跳动还通过人工智能技术对用户数据进行深度分析，实现个性化推荐，提高了用户黏性和广告收入。除了产品创新，字节跳动还注重组织架构和管理模式的创新。公司采用扁平化的组织结构，鼓励员工跨部门协作，提高了整体运营效率。此外，字节跳动还通过引入目标与关键成果法（objectives and key results，OKR）等目标管理工具，极大地调动了员工的工作潜能，确保团队与个人目标的一致性和可衡量性。[49]

数字化思维在管理创新中发挥着至关重要的作用。企业要实现成功的数字化转型，不仅需要先进技术的支持，更需要培养员工的数字化思维，将数字化思维融入企业的战略、文化和管理体系中，以适应数字化时代的发展要求。

6.2 基于数字化思维的企业管理创新策略

在数字经济大发展的时代，"数"和"智"是两个最重要的关键元素。围绕"数"进行的一系列数字化改革，使每一位生产者、消费者和产业价值链上的相关者都被数字化。"智"指的是智慧化，是基于"数"的闭环来进行智能决策。企业要想成功地进行数字化转型，应当遵循如图6-1所示的管理理念。[50]在战略上，要树立以消费者运营为核心的发展理念，数字化时代的消费者行为和期望发生了巨大变化。企业需要将消费者放在其商业战略的核心位置，通过数据驱动的方式理解消费者需求，提供个性化的服务和体验。这涉及利用数据分析与用户行为追踪来优化产品设计、营销策略和客户关系管理。要想获得这些数据以支持业务的扩展和服务的高效交付，建设和利用跨地域的数字化基础设施则是必不可少的。在技术方面，企业利用云计算、物联网和 5G 等技术可以无缝地服务于不同地区的客户，搭建强大的中台（通常是技术和数据中台），为前端的业务单元或小团队提供支持。这样可以使前端的团队更加敏捷，快速适应市场变化，提供一致且高质量的服务，最终实现供应链协同的全链路数字化，帮助企业提高效率、降低成本并优化运营，从而实现绩效的可持续增长。

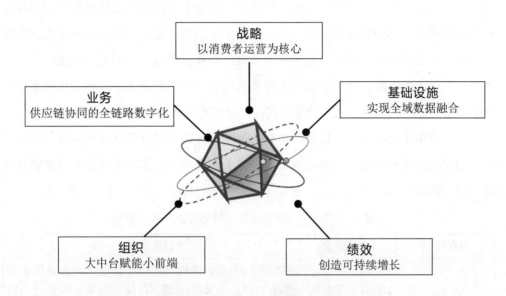

图 6-1　企业数字化转型管理理念

因此，基于数字化思维的企业管理创新策略也表明了数字化不仅仅是一种技术工具，更是一种思维方式。它要求企业重新思考其商业模式、组织结构和管理方式。只有那些快速适应并利用数字化的企业才能够在竞争中脱颖而出。

6.2.1 制定数字化思维战略

在数字化时代，中国已成为世界第二大数字经济体。[51]企业作为推动数字经济发展的微观主体，发挥着举足轻重的作用。

企业数字化转型并不是一蹴而就的，通常可以分为初期的信息化阶段、中期的数字化阶段和最后的智能化阶段。同大企业相比，我国中小企业数字化转型步伐较慢且绝大多数企业仍停留在初期阶段。根据《中小企业数字化转型报告》，目前只有 8% 的中小企业处于智能化阶段，90% 的中小企业仍在数字化转型的探索阶段，没有享受到数字化时代发展的红利。[52]其主要原因与中小企业转型意愿低有很大的关系。调查显示，有 40% 的中小企业主不了解数字化转型的概念和重要性。[53]造成中小企业数字化转型意愿不高的原因是多方面的：一是资源和资金限制。许多中小企业在资源和资金方面相对有限，由于资金紧张，它们可能更倾向于维持现状，避免冒险投资不确定的创新项目。同时，有限的资源也限制了它们在研发、市场营销等方面的投入，使得它们难以开拓新的市场机会。二是中小企业通常面临激烈的市场竞争，为了保持市场份额和盈利能力，它们可能更注重短期收益和风险控制，而较少考虑长远的创新和发展。另外，一些中小企业主可能没有接受过足够的创新管理与战略规划方面的教育和培训。这可能导致他们缺乏创新思维和长远眼光，难以识别和把握市场趋势与机遇。在某些文化观念和社会背景下，创新可能被视为一种风险和不稳定的因素，而稳定和安全则被视为更重要的价值观。这种文化观念可能影响中小企业主的决策方式和思维方式，使他们更倾向于避免创新和变革。

为了使中小企业主具备创新思维和长远眼光，需要综合考虑这些因素，并为其提供相应的支持和帮助。表6-1列出了一些关于中小企业数字化转型的具体管理策略与相关建议。

表6-1　中小企业数字化转型管理策略与相关建议

管理策略	相关建议	具体措施
重视员工教育与培训	创新管理培训	组织专门的培训课程，使中小企业主学会运用创新思维和方法来解决问题，以及如何制定和执行长期战略。
	行业趋势分析	定期举办行业趋势分析会议，邀请行业专家为中小企业主解读市场变化，帮助他们了解行业前沿动态。
争取资源和资金支持	政府资金支持	通过政府项目或补贴，为中小企业提供资金支持，降低他们进行创新和转型的经济压力。
	融资渠道拓展	协助中小企业主与金融机构建立联系，提供融资指导和咨询服务，帮助他们获取更多的资金支持。
技术支持和咨询服务	数字化转型咨询	引入专业的数字化转型咨询机构，为中小企业提供个性化的数字化转型方案，并协助实施。
	技术研发合作	鼓励中小企业与高校、科研机构等建立技术合作关系，共同研发新技术和产品，包括合作开发、委托开发、技术转让、产学研合作等多种形式，提升技术创新能力。

管理策略	相关建议	具体措施
市场开发和品牌建设	市场营销指导	提供市场营销策略培训,帮助中小企业主制订有效的市场推广计划,扩大市场份额。
	品牌建设支持	协助中小企业进行品牌定位和形象塑造,提升品牌知名度和影响力。
网络平台和信息交流	建立信息共享平台	创建中小企业信息共享平台,提供市场、技术、政策等多方面的信息,促进中小企业间的交流与合作。
	组织交流活动	定期举办中小企业交流会、信息论坛等活动,为中小企业主提供互相学习和分享经验的平台。
政策引导激励	制定优惠政策	政府可以制定针对中小企业的税收减免、费用补贴等优惠政策,激励其进行创新和转型。
	设立创新奖励	设立中小企业创新奖励机制,对在创新方面取得显著成果的企业给予表彰和奖励。

6.2.2 拓展全链路数字化业务范围

随着科技的不断发展,数字化已经深入各个行业和业务领域,成为企业发展的重要驱动力。为了在激烈的市场竞争中获得优势,企业需要不断拓展全链路数字化业务范围,并基于数字化思维进行企业管理创新。全链路数字化业务范围是指企业在整个业务流程中全面应用数字化技术,实现数字化转型,包括产品开发、生产制造、市场营销、客户服务、供应链管理、内部管理等方面的数字化。通过全链路数字化,企业可以提升运营效率、优化客户体验、创新商业模式,实现可持续发展。

（1）企业数字化战略

企业应将数字化纳入整体战略规划,制定符合自身发展的数字化战略,明确数字化转型的目标、路径和实施方案,确保数字化转型的有序推进。在制定数字化战略时,企业需要充分了解市场需求和业务特点,结合自身优势和资源,以实现数字化业务的拓展和升级。

（2）企业数字化管理决策

基于数字化思维的企业管理创新策略要求企业运用数据进行决策,实现数据驱动的管理决策,通过收集、整合和分析数据,洞察市场趋势和客户需求,为战略决策提供科学依据。同时,企业需要建立健全数据安全和隐私保护机制,确保数据的安全性和合规性。企业应将客户体验放在首位,运用数字技术和数据分析工具深入了解客户需求,提供个性化的产品和服务。通过建立客户反馈机制和在线服务平台，提高客户互动度和满意度。在此过程中，也需要特别关注客户隐私和数据安全问题，确保客户信息的安全性与合规性。

（3）企业合作共赢生态圈

在全链路数字化过程中，企业应积极寻求与合作伙伴、供应商等建立合作共赢的生态圈。通过资源整合和优势互补，共同应对市场挑战和机遇。企业与合作伙伴共同开展技术创新、市场开拓等活动，提升整体竞争力。同时，企业需要关注生态圈中的利益分配和风险承担问题，确保合作共赢的实现；运用数字化思维优化供应链管理，建立敏捷的供应链体系；运用物联网、大数据等技术实时监控供应链状态，提高供应链的透明度和可预测性；与供应商建立紧密的合作关系，实现信息共享和协同工作，提高供应链的响应速度和灵活性。在此过程中，企业需要关注供应链中的可持续性问题，确保供应链的绿色和可持续发展。全链路数字化是一个持续改进和创新的过程。企业应鼓励员工提出创新意见和建议，及时采纳有益的改进措施。同时，企业需要关注行业最佳实践和市场动态，不断学习和借鉴先进的管理理念与技术应用；通过持续改进和创新文化建设，不断提升数字化水平与竞争力。

6.2.3 建设数字化平台

目前，无论是大中型企业还是小微企业，在数字化转型过程中无不重视数字化平台的建设。数字化平台提供了一个集成式的工作环境，无论是从流程优化到数据分析，还是从促进协作到提升客户体验，再到创新驱动和风险管理，都体现了平台在推动企业数字化转型中的核心价值和重要性，使得不同部门和团队可以实时共享信息、协作完成任务。这加强了内部沟通，促进了知识的共享和团队之间的协同工作。通过集成各种业务流程，消除烦琐的手动操作，实现流程的自动化，企业不仅可以显著提高工作效率，降低错误率，提升整体业务运营的流畅性和效率，还能够收集、整合和分析不同来源的数据，包括业务数据、用户数据、市场数据等。通过数据可视化工具和高级分析技术，企业可以洞察市场趋势，理解客户需求，从而做出更明智的决策。此外，数字化平台还可以优化客户服务流程，提高响应速度和服务质量，从而增强客户满意度和忠诚度。从企业自身角度出发，数字化平台也可以帮助企业识别和管理潜在的业务风险，确保业务运营符合相关法规和行业标准。通过自动化监控和报告工具，企业可以实时跟踪关键风险指标，确保企业运营的合规性。

如表 6-2 所示，数字化平台在企业管理中充当着多重角色，它不仅是一个技术工具，更是一个连接、整合、优化和创新的平台。通过数字化平台，企业可以更有效地管理资源、优化流程，做出明智的决策，并为客户提供更好的体验。

表 6-2　数字化平台在企业管理中的角色定位和角色功能

角色定位	角色功能
战略执行平台	数字化平台是企业战略转型的关键执行者，它确保了企业的战略目标和日常运营活动之间的顺畅连接。例如，亚马逊利用数字化平台整合了供应链、物流、支付、数据分析等多个关键领域，将传统零售业务转移到线上，还推出了诸如 Amazon Prime 会员、AWS 云计算服务、Kindle 电子书等一系列创新产品和服务。这不仅增强了亚马逊的市场竞争力，还推动了整个电子商务行业的发展。数字化平台作为战略执行者，确保了亚马逊的数字化转型战略得以顺利实施，并取得了巨大的商业成功。
效率提升平台	数字化平台通过自动化和优化业务流程，显著提升了企业的运营效率，减少了资源浪费和成本。以制造业为例，企业可以利用数字化平台对生产线进行自动化改造。通过引入物联网技术，平台能够实时监控设备的运行状态和维护需求，减少设备故障和停机时间，从而提高生产效率。
数据整合平台	数字化平台可以整合不同来源和格式的数据，提供统一的数据视图和分析工具，帮助企业做出更明智的决策。例如，航运企业可以整合来自船舶、港口、货主方不同格式的数据并集成到航运信息平台。通过数据视图，航运企业可以实时了解全球航运市场的动态、货物的运输情况、港口的拥堵情况等关键信息，帮助航运企业分析市场趋势、优化航线规划、提高运营效率。
协作促进平台	跨国公司可以利用数字化技术搭建统一的沟通平台，使不同国家和地区的团队能够实时分享信息、讨论项目进展、协作完成任务。这不仅能提高团队协作效率，还可以促进跨文化的交流和知识共享。
创新驱动平台	数字化平台不仅支持现有业务的优化，还鼓励企业通过数据分析与市场洞察来探索新的商业模式和服务方式。例如，金融机构利用数字化平台的数据分析能力，发现其客户在特定领域的投资需求。基于这一洞察，该机构推出了新的投资产品和服务，满足客户的特定需求，从而实现业务的创新。
客户服务平台	数字化平台通过提供个性化的产品和服务、优化客户服务流程等方式，帮助企业更好地服务客户，提升客户满意度和忠诚度。餐饮企业可以利用数字化平台来管理其会员系统和订单处理。通过该平台，企业能够实时了解客户的口味偏好、消费习惯等信息，从而为客户提供更加个性化的菜单推荐和优惠活动。这不仅提高了客户满意度，还促进了客户回头率的提升。

在搭建数字化平台时，首先要进行充分的市场调研和需求分析，确定企业希望

通过流程优化、决策支持或是资源协调中的何种平台实现管理优化与创新。在收集需求时可与企业各部门主要员工访谈对话，了解不同部门的当前信息化水平、员工技能，以及管理上的主要挑战。然后再对市场上已有的数字化管理解决方案，包括它们的功能、定价、客户评价等进行分析，尝试识别潜在的竞争对手和合作伙伴。

在前期充分调研的基础上，下一步就需要设定明确的数字化平台建设目标和定位，例如成为行业内管理创新标杆或者数字化领军企业等；然后确定好衡量平台搭建成功的关键绩效指标（key performance indicator, KPI），包括平台用户注册人数、用户活跃度、流程效率提升百分比等。

在完成以上基本框架构想后，技术决策人员需要选择适合平台需求的技术栈，如前端框架、后端语言、数据库系统等，并且考虑是否采用微服务架构以提高系统的可扩展性和维护性，对平台数据加密、访问控制、防火墙等安全措施进行规划。预测未来的业务增长，设计可扩展的硬件和软件架构。然后采用敏捷开发方法，短周期快速迭代，满足需求变化情况，实施持续集成和持续部署（continuous integration / continuous deployment, CI / CD）流程，提高开发效率。开发自动化测试脚本，确保软件质量。进行压力测试和负载测试，在平台高负载性能表现达到预期要求后，开始制订详细的上线计划，包括数据迁移、用户培训、技术支持等。组织建立运维团队，实施 7×24 小时不间断的系统监控和故障响应。提供电话、邮件、在线聊天等多渠道的用户支持服务，使用数据分析工具跟踪用户行为，优化平台功能。在平台上线过程中，定期对企业员工进行平台使用培训，确保他们充分利用平台功能。制订市场推广计划，包括社交媒体宣传、参加行业展会等。开发客户案例研究，展示平台如何帮助企业管理创新。同时，要建立健全用户反馈机制，持续收集和分析用户意见。制订长期的产品发展路线图，明确未来的升级方向，跟踪技术发展趋势，及时更新平台的技术栈和工具。另外，还要确保平台始终符合相关的数据保护和隐私法规。

在整个数字化平台建设过程中，企业还应强调项目管理的重要性，包括明确项目范围、分配资源、管理风险、制订时间表等；同时，与内部的关键利益相关者保持紧密沟通，确保项目能够顺利推进并得到必要的支持。

6.2.4 加强人才培养

调查发现，东南沿海、长三角、京津冀等经济发达地区对于经济欠发达地区有着强大的人才虹吸效应，部分企业产业链数字化转型效果欠佳的一个重要原因就是缺乏高素质专业人才。[54]企业产业链数字化转型是当前经济发展的重要趋势，对于提升产业效率、促进经济升级具有重要意义。然而，转型过程中的高素质专业人才短缺问题，特别是在经济发达地区与欠发达地区之间的人才虹吸现象，确实直接影响了数字化转型的推进效果。一方面，经济发达地区如东南沿海、长三角、京津冀等地，由于经济发达、产业链完善、创新氛围浓厚，往往能够吸引更多的高素质人才。这种人才虹吸效应是由市场经济规律决定的，一定程度上促进了资源的优化配置。另一方面，这也导致了经济欠发达地区的人才流失，加剧了区域间的发展不平衡。

（1）政府层面

从地方政府和政府各相关部门两个层面切入，推进数字技术落地，加速产业数字化升级，提升经济发展活力。根据欠发达地区的资源禀赋、地理位置、产业基础等因素，制订科学的数字经济发展规划，明确核心产业和特色产业，形成合理的产业数字化发展布局。通过引进龙头企业、东西部联动、构建创意生态系统等方式，完善产业链条，提高产业的集聚效应和竞争力。鼓励企业开展数字化、智能化转型升级改造，加强数字化技术运用和数字化专业人才培养。从我国现有的数字化相关人才培养机制来看，主要通过信息科技课程来启迪学生的数字化思维。然而，随着数字技术的飞速发展，数字化人才的内涵已经远远超越了单纯的信息技术或计算机知识范畴。数字经济的发展离不开数字化人才的坚实支撑，这迫切需要构建一套系统化、专业化的数字化人才培养机制。这一机制需与时俱进、顶层规划、精准赋能、内外协同，紧密贴合数智时代的经济社会生态，深化产学研融合联合培养机制。

同时，加大为数字经济发展做出突出贡献的人才引进力度，加强数字化人才队伍集聚平台和组织保障体系建设，为数字化人才提供精准政策支持，不断提升数字化人才自主创新能力，形成数字化人才集聚效应。

（2）教育层面

在教学设施方面，高校的基础设施以数字经济为引擎，经历了前所未有的升级与革新。如今，互联网、云计算平台、数据中心等尖端技术已广泛应用于校园之中，它们不仅提供了稳定高效的网络连接，更具备强大的数据存储和处理能力。这些基础设施的完善，极大地推动了高校管理服务系统的智能化进程，为高等教育数字化转型奠定了坚实的物质基础。

数字经济的蓬勃发展也催生了教育技术的不断创新与应用。在线学习平台、虚拟教室、远程教学工具等数字技术的涌现，不仅丰富了教师的教学手段，更推动了教学模式的革新。同时，这些技术也为学生提供了个性化学习和自主学习的可能性，使得在线实时评估成为可能。智能化改造与数字化转型已成为高等教育新基建的核心内容，它们共同推动着高等教育基本模式与教学方式、学习方式的数字化转型。在这一进程中，高校管理服务系统也趋向智能化发展，为数智时代高等教育新基建的打造提供了强有力的支持。[55]

2022年9月，联合国教育变革峰会在全球瞩目中隆重召开。在这次具有里程碑意义的峰会上，各国领导人和教育专家齐聚一堂，共同探讨数字技术在教育领域的应用与发展。峰会上，一份名为《确保和提高全民公共数字化学习质量行动倡议》（以下简称《行动倡议》）的重要文件正式发布。该文件向全球发出强烈呼吁，要求各国充分利用数字技术优势，为教与学注入新的活力，推动教育变革与创新。《行动倡议》强调，数字技术为教育带来的可能性是前所未有的。数字技术的运用，可以打破时空限制，实现优质教育资源的全球共享；可以为学生提供个性化、多样化的学习方式，满足不同群体的学习需求；还可以提升教学效率和质量，让每一个孩子都能享受到公平且高质量的教育。

为了确保和提高全民公共数字化学习的质量，《行动倡议》提出了一系列切实可行的建议。首先，各国应加强对教育数字化基础设施的建设和优化，确保所有学生都能获得稳定、高速的网络连接和丰富的学习资源。其次，各国应推动教育数字化创新，鼓励教育机构和技术企业合作，共同研发与推广先进的教育技术和产品。最后，各国还应加强教师培训，提升他们的数字素养和教学能力，使他们能够更好地利用数字技术辅助教学。《行动倡议》的发布，标志着全球教育领域正迎来一场深刻的变革。在各国政府和社会各界的共同努力下，数字技术将为教育带来更多的可能性，让每一个孩子都能享受到优质、公平的教育机会，共同迈向更加美好的未来。同时，数字技术也将正反馈于企业管理创新，为越来越多的企业注入数字化转型的新生代血液。

（3）企业层面

在数字经济时代，企业的竞争力在很大程度上取决于其内部人才的素质和技能。因此，鼓励企业加强内部人才培养和激励机制建设显得尤为重要。企业可以设立专门的培训机构或部门，这些机构不仅要负责规划和执行员工的培训活动，还要关注员工的技能提升和职业发展。这些内部培训机构可以定期为员工提供与工作相关的数字化技能培训，内容包括数据分析、云计算、人工智能等前沿技术；同时，还可以为员工提供职业发展路径规划，帮助员工明确自己的职业目标，并提供相应的培训和学习资源。

为了确保培训的有效性和针对性，企业需要制订详细的员工培训计划。这个计划应该根据企业的数字化转型需求和员工的实际情况来制订。首先，要明确培训的目标，即希望通过培训达到什么样的效果。其次，要确定培训的内容，包括要学习的知识和技能点。再次，要选择合适的培训方式，如线上课程、线下讲座、实践操作等。最后，要安排合理的时间表，确保员工有足够的时间来完成培训任务。在实施培训计划的过程中，企业还需要建立相应的评估机制，以检验培训的效果。这可以通过考试、实际操作、项目完成情况等方式来进行。同时，企业还可以根据员工的反馈和表现，对培训计划进行不断的调整和优化。

为了让员工积极参与培训和学习活动，企业还需要建立相应的激励机制，具体可以包括以下几个方面。

①奖学金制度。为在培训中表现优秀的员工颁发奖学金，以鼓励他们继续努力学习和提升自己。

②晋升机会。将培训成绩作为员工晋升的重要依据之一，让员工看到通过培训和学习可以获得更好的职业发展机会。

③薪酬福利激励。为参与培训的员工提供额外的薪酬福利，如加班补贴、奖金等，以体现企业对员工学习的重视和支持。

④举办竞赛活动。举办各类竞赛活动不仅可以激发员工的学习热情和创新精神，提高员工的技能水平，还可以增强团队凝聚力和企业文化。

解决企业产业链数字化转型过程中的人才短缺问题需要政府、企业和社会各方共同努力。政府应加强对欠发达地区的产业培育和发展支持，加大对教育和培训的投入力度；企业应积极承担人才培养责任，加强内部培训和激励机制建设；社会各方应共同营造良好的人才发展环境，促进人才的均衡分布和合理配置。这些措施的实施和推进，可以有效解决数字化转型过程中的人才短缺问题，推动数字化转型的深入发展。鼓励企业加强内部人才培养和激励机制建设。企业可以通过设立内部培训机构、开展员工培训计划、建立激励机制等方式，提高员工的数字化技能和素质，为企业数字化转型提供有力的人才保障。

6.2.5 调整组织架构

企业基于数字化思维的管理创新不仅是技术的更新，更是一场涉及企业文化、组织结构、业务流程等多个方面的全面变革。在数字化的推动下，企业组织结构由传统的金字塔式结构转向扁平化结构，中间管理层级减少，决策更加灵活。企业内部各部门间的协作加强，传统部门壁垒被打破，企业也更加注重数据在决策中的应用。因此，企业首先需要深入理解数字化转型对组织架构的影响，包括可能需要的角色变化、新的决策流程，以及跨部门的协作方式等。

俗话说"大海航行靠舵手"，在企业决定调整组织架构以适应数字化发展的需要时，可以设立如图6-2所示的数字化转型领导团队。首先，成立由高层领导组成的数字化转型领导委员会或领导小组，负责制定数字化转型战略、监督执行和评估成果，确保领导团队具备数字化战略思维和跨部门协作能力。其次，考虑设立跨职能的数字部门或中心，集中处理数字化转型相关的技术、数据和分析工作。最后，在各部门内部设立数字化专员或数字化主管的角色，负责推动部门内部数字化转型工作。数字化专员或数字化主管要做到清晰定义各角色的职责和期望成果，确保数字化转型的各项工作得到有效落实。数字化转型领导团队在工作中要推行数据驱动的决策流程，确保决策过程基于准确的数据分析和洞察。同时在数字化思维影响下，企业组织架构要尽量简化决策层级，以便缩短决策周期，提高响应速度和灵活性。

这些具体措施可以帮助企业在数字化转型过程中有效地调整组织架构，确保转型工作的顺利进行。需要注意的是，每个企业的具体情况不同，因此在实际操作中需要根据企业的实际情况进行定制和调整。

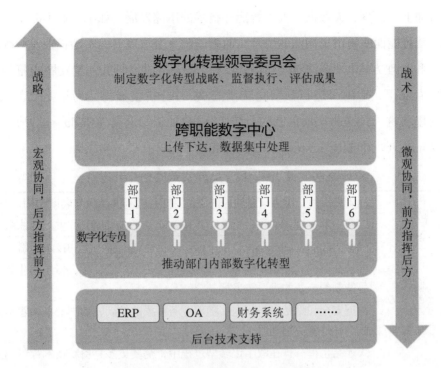

图 6-2　数字化思维下的企业管理架构

6.3 数字化思维与企业管理的实践案例：阿里数字化转型

6.3.1 数字化转型的起源与背景

20 世纪 90 年代中后期至 21 世纪初期是互联网发展最为迅猛的时期之一。在这个时间段内，万维网（World Wide Web, WWW）的引入使互联网变得更加易于使用，普通人也能够轻松地浏览和发布信息。雅虎、谷歌等搜索引擎和在线广告等商业模式的出现，也为互联网商业化奠定了基础。电子商务、社交媒体、云计算等领域也在这个时期迅速崛起，极大地推动了互联网的发展。

正是在这一背景下，阿里巴巴集团（以下简称"阿里"）于 1999 年正式成立，主要为中小企业提供 B2B 服务。阿里的商业模式是独特的，帮助中小企业在全球范围内进行贸易，解决了信息不对称的问题。在数字化战略制定上，阿里始终坚持创新驱动、数据驱动、用户驱动的原则。

到 2015 年前后，随着电子商务的发展，越来越多的企业进军电子商务市场，阿里亟须找到新的业绩增长点。此时的阿里也注意到，随着移动互联网和便携式通信设备的普及，消费者的购物习惯、支付方式等都在发生变化，需要企业快速适应。再加上云计算、大数据、人工智能等技术的迅速发展，如果企业不能紧跟时代步伐，就可能面临被市场淘汰的风险。而随着阿里企业规模的不断扩大，传统的业务模式和管理方式也逐渐显露出其局限性，成为制约公司进一步发展的瓶颈。在这样的背景下，对阿里进行数字化转型的SWOT分析就显得尤为重要。表6-3正是对阿里在这一关键时期所面临的优势（strength, S）、劣势（weakness, W）、机会（opportunity, O）和威胁（threat, T）的全面剖析。

表6-3 阿里数字化转型SWOT分析

优势 （S）	品牌知名度：作为电商领域的先驱，拥有极高的品牌知名度和用户基础。
	丰富的商家资源：平台集聚了大量商家，形成了庞大的供应链体系。
	强大的技术基础：在大数据、云计算等领域已有一定的技术积累。
劣势 （W）	传统业务模式瓶颈：随着市场环境和用户需求的变化，传统的业务模式可能制约企业的进一步发展。
	数据安全和隐私保护问题：随着业务规模的扩大，数据安全和隐私保护成为亟待解决的问题。
	人才结构单一：在数字化转型过程中，需要更多具备新技术背景的人才支持。
机会 （O）	数字化转型趋势：随着技术的发展，数字化转型成为企业提升竞争力的关键。
	全球化趋势：跨境电商市场的增长为企业提供了更大的发展空间。
	新技术应用：云计算、大数据、人工智能等新技术的应用为企业带来新的增长点。
威胁 （T）	市场竞争加剧：随着新玩家的进入，市场竞争越发激烈，可能影响企业的市场份额。
	政策法规风险：数据保护、隐私安全等政策法规的变化可能给企业带来合规风险。
	技术更新迭代快速：新技术的快速发展要求企业持续跟进，否则可能被市场淘汰。

通过表6-3的SWOT分析，我们清晰地看到了阿里在数字化转型过程中所具有的优势、劣势，以及所面临的机会和威胁。数字化转型不仅是应对这些挑战的关键，也是抓住机遇、提升竞争力的必经之路。

6.3.2 数字化转型关键举措

早在2016年，阿里就提出了"新零售、新制造、新金融、新技术、新能源"

的五新战略，明确指出了企业未来数字化转型的方向；2017 年正式成立五新战略执行委员会，从战略高度明确了企业数字化发展路径。[56]此后，通过收购高鑫零售、银泰商业等，以及推出盒马鲜生、淘宝直播等创新业务，阿里不断推动线上线下融合，深化数字化转型。

阿里在电子商务平台领域深耕多年，积累了海量的用户数据。凭借先进的数据分析技术和智能推荐算法，阿里成功实现了个性化的营销和精准的商品推荐。用户的浏览和购买历史被巧妙地运用，以使平台精准预测其潜在兴趣和需求，进而为他们推送高度相关的商品信息与促销优惠。这种个性化的推荐策略不仅显著提升了用户的购物体验和购买欲望，同时也为卖家带来了更高的销售效率与转化率。这一创新应用不仅彰显了阿里在大数据和人工智能领域的领先实力，也为其在竞争激烈的电商市场赢得了独特的竞争优势。[57]

如今，阿里的全链路数字化覆盖了从供应链管理、生产制造、物流配送到销售服务的整个商业生态链。在供应链端，通过阿里云和大数据技术的运用，阿里帮助商家实现精准营销和库存管理。在生产制造方面，打造"犀牛制造"数字化实验工厂，通过产业全链路数字化改造和云化升级，构建需求实时响应、极小化库存以及"100 件起订、7 天交付"的服装行业小单快返新模式，实现供需精准匹配和更高水平的动态平衡，促进传统产业数字化转型高质量发展。在物流配送方面，通过菜鸟网络，阿里实现了对物流体系的数字化改造，提高了物流效率。在销售端，通过淘宝、天猫等电商平台，阿里为消费者提供了丰富的购物选择和便捷的购物体验。

以如图 6-3 所示的阿里数字农业全链路模式为例，数字农场是一种基于互联网和数字技术的现代化农业生产方式。该模式通过全面整合和数字化改造农业生产的各个环节，包括种植、管理、收获、仓储、加工、贸易和运输等，实现农业生产的高效、精准和智能化。在阿里数字农场中，数字技术被广泛应用于农业生产的各个环节。通过无人机、卫星遥感等现代化技术实现对农田水质、土壤、气候等的监测，为农业生产提供精准的数据支持。专家顾问依托大数据分析和人工智能技术，对收集的数据进行深度挖掘和分析，为农户的农业生产提供科学的决策依据。数字化平台将农业生产与市场需求紧密联结。通过电商平台和大数据分析，了解市场需求和消费者偏好，为农业生产提供个性化的指导和服务，实现农产品的精准营销和定制化生产。

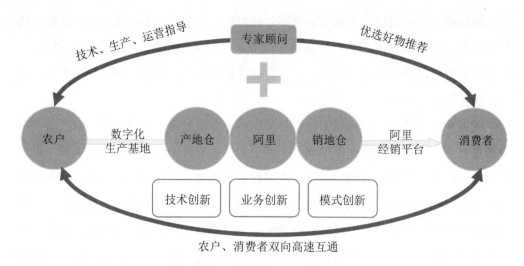

图 6-3 阿里数字农业全链路

具体而言，阿里数字农场的运营涵盖了"耕、种、管、收、仓、工、贸、运"八大环节，这些环节在传统农业中往往显得琐碎而复杂。然而，通过数字技术的巧妙运用，阿里数字农场成功地将这些环节整合在一个高度数字化的平台上，实现了农业全链路的数字化管理。从更宏观、更深入的角度来看，阿里数字农场的核心组成实际上包括数据应用和数字技术两大方面。在数据应用方面，该农场通过对各个维度、环节的数据进行整合、处理和分析，为农业生产提供了全面而精准的数据支持。而在数字技术方面，阿里数字农场则充分发挥了阿里在大数据、人工智能等领域的优势，将这些收集并分析的数据转化为实际应用，如气候监测、土壤数据预估等。这样一来，原本靠天吃饭的农户现在可以得到从选种、播种、除草到灌溉、施药等农业生产全过程的针对性指导。这种以数据为驱动、以数字技术为支撑的农业生产模式，不仅大大提高了农业生产效率，还为农业可持续发展提供了新路径。

阿里在智能化平台建设方面投入巨大，推出了包括阿里云、达摩院、平头哥半导体等在内的多个技术研发和创新平台。这些平台不仅为阿里的数字化转型提供了强大的技术支撑，也为外部企业和开发者提供了丰富的技术服务与解决方案。通过人工智能、大数据、云计算等技术的运用，阿里的智能化平台不断提升用户体验，推动商业模式的创新。随着数字化战略的深入实施，阿里不断调整和优化组织架构以适应数字化转型的需求。例如，2018 年，阿里进行了史上最大规模的组织架构调整，成立了淘宝天猫商业集团、阿里云智能集团、本地生活集团等多个业务集团，以更好地整合资源、提升效率、推动集团创新。此外，阿里还通过设立"数字化组织部"等机构，加强对数字化转型的组织领导和协调。

通过以上措施的实施，阿里在数字化思维和企业管理的实践中取得了显著成效，不仅提升了企业的核心竞争力，也为整个商业生态链的数字化转型提供了有力的支持和引领。

6.3.3　数字化转型行业影响与社会价值

数字化转型后，阿里的经营业绩实现了显著增长。阿里在 2022 财年的全球活跃消费者已达 13.1 亿人，整个阿里生态体系成交总额（gross merchandise volume，GMV）达到 8.317 万亿元，集团的总收入为 8530.62 亿元。在 2023 年"双十一"购物狂欢节里，淘宝与天猫总销售额为 4013 亿元，较 2022 年同期增长 27%。[58]

在消费领域，阿里在 2022 财年完成了国内年度购买用户超过 10 亿人的目标，相比阿里计划的 2024 年的时间节点提前了两年。通过数字化转型，阿里优化了供应链管理，减少了中间环节，提高了物流效率。用户在天猫超市购物下单后最快可当日取货，库存周转率也有所提升。

在客服、数据分析等领域，数字化转型使得自动化和智能化成为可能。当客户发起咨询请求时，24 小时不间断提供服务的智能化客服系统首先会对请求进行智能分类和识别，确定问题的类型和关键信息。接着，系统会从庞大的知识库中检索相关信息，生成针对性的回答。如果遇到复杂或无法直接回答的问题，系统还会智能转接到人工客服，确保客户问题得到及时解决。同时，由于系统处理速度极快，客户无须长时间等待，就能得到满意的答复，大大提高了客户满意度。

阿里不仅在商业领域取得了卓越的成就，在人才培养和教育事业方面也展现出了深厚的底蕴和前瞻性。为了推动行业进步和社会发展，阿里通过设立奖学金，积极参与并举办物联网技术大会、边缘计算大会等高端技术交流活动，为整个行业输送了大批优秀的技术和管理精英。在内部人才培养方面，阿里构建了全面系统的培训体系。其中，"阿里党校"和"百年阿里"等培训项目，不仅注重提升员工的数字化素养，更在专业技能和领导力培养上下足了功夫。通过这些精心设计的课程和实践项目，阿里的员工得以在数字化时代中迅速成长，为企业的持续发展注入了强大的动力。在人才引进方面，阿里同样不遗余力。通过校园招聘、社会招聘，以及各类专业人才的引进项目，阿里成功吸引了一大批具备数字化思维和创新能力的优秀人才。这些新鲜血液的加入，不仅为阿里带来了更多的创新思路和解决方案，也进一步增强了企业的竞争力和市场地位。此外，阿里还通过设立"达摩院青橙奖"等创新奖项，为年轻人在数字化领域的创新和探索提供了强有力的支持与鼓励。这些奖项不仅激发了年轻人的创新热情，更为整个行业挖掘和培养了一批极具潜力的新星。总的来说，阿里在人才培养和教育事业上的投入和成果，不仅体现了其作为行业领导者的责任和担当，也为整个社会的数字化进程做出了积极的贡献。

阿里的数字化转型不但实现了业务的高速增长和效率的大幅提升，更在客户满意度方面取得了前所未有的突破。通过运用前沿的大数据、云计算、人工智能等数字化技术，阿里成功打造了一个高效、智能、便捷的电商生态体系，为整个行业树立了数字化转型的标杆。同时，阿里的数字化转型不仅局限于自身的业务发展，更对所在行业和社会产生了深远的影响。通过开放平台、共享资源、培育人才等方式，阿里积极引领行业创新，推动产业链上下游的协同发展，实现了整个生态系统的共赢。阿里还通过数字化转型推动了商业模式的创新和升级，为传统行业注入了新的活力和动力。阿里成功的数字化转型实践，不仅提升了自身的核心竞争力，更为整个商业社会带来了更加广阔的发展空间和更多的机遇。可以说，阿里的数字化转型不仅是一次技术革命，更是一次商业模式的深刻变革。其成功经验不仅值得其他企业借鉴和学习，更将为整个商业社会的未来发展提供有力的支撑和引领。

本章课件

第 7 章
数字化思维与智能决策

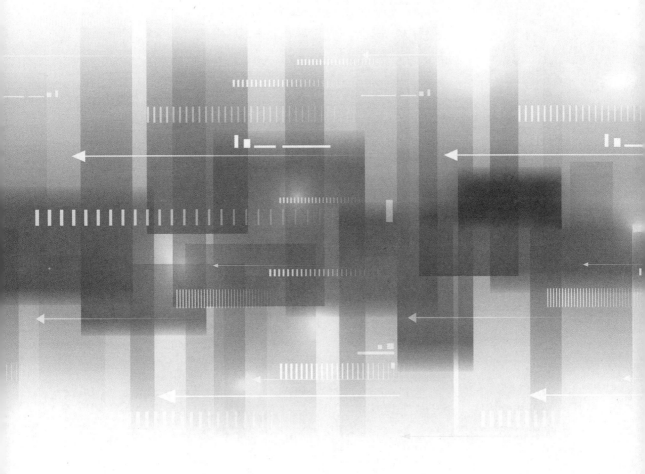

7.1　数字化思维在智能决策中的作用

7.1.1　数字化思维与决策主体

数字化从直观上理解就是信息（数据）处理技术的升级与换代。数字化的原理和逻辑在于将现实世界中复杂、多变、多态的研究对象进行简化与规范化，映射到理论认知空间，如计算技术中对各类信息、信号和数据的0—1符号转换便是一种映射。这不仅是数学中"以直代曲、从有限到无限"的微积分逼近思想的现代技术体现，更是人类不懈探索事物本质的思维天性的展现。[59]

在新一轮的科技革命浪潮中，数字化被赋予了前所未有的含义和实践意义。从社会经济影响的角度看，数字化不仅推动了人类文明的发展，更使人类从信息时代跨越至一个全新的时代——后信息化时代或比特时代。在这一时代，数字化思维对决策过程产生了深远的影响。

数字化思维强调数据的客观人本。这意味着决策不再仅仅基于主观臆断或经验，而是真实、直接地依赖于人与自然的交互数据。这种数据驱动的决策方式，使得决策更加科学、合理，更能够反映实际情况。数字化思维追求极致逼近，运用以直代曲、切分整合的逐步逼近思想，不断探索和协调有限认知与无限欲求之间的关系。这种思维方式使得决策过程更加精细、准确，能够更好地适应复杂多变的环境。在数字化时代，信息和数据的传输变得更加快速、高效。这种高效的信息传输方式使得决策过程更加迅速、灵活，能够及时应对各种突发情况。此外，数字化思维还倡导跨界综合。在数字化时代，学科之间的交叉与融合变得更加普遍。这种跨界综合的思维方式使得决策过程能够吸收多方面的知识和信息，提高决策的综合性和创新性。在数字化思维的分阶控制下，决策过程不再是单一、线性的，而是连续、分阶段的，每个阶段都有明确的目标和步骤，使得决策过程更加清晰、可控。

在数字化时代，个人决策过程已经发生了显著的变化。数字化思维，以数据为核心，强调逻辑、分析和实证，正逐渐渗透到我们的日常生活中，影响着我们的决策方式。以消费者购买智能手机的决策过程为例。在传统思维模式中，消费者决策过程如图7-1所示，往往更多地依赖于直觉、经验或他人的建议。

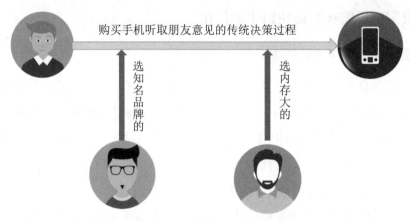

图 7-1 传统思维决策过程

但在数字化思维的影响下，决策过程演变为如图 7-2 所示的模式。数据成为决策的基础，个人开始主动收集与决策相关的数据，数字化工具和平台使得数据的收集变得更为便捷、高效。这些数据可能来自各种电商平台的销量信息、某些电子产品博主的评测视频、已购买群体的购后评价等等。

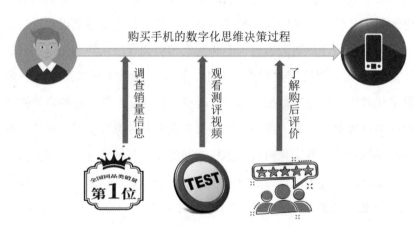

图 7-2 数字化思维决策过程

收集到的数据需要经过分析才能转化为有价值的信息。数字化思维强调对数据的深入挖掘和理解。个人可以利用各种数据分析工具和技术，如数据挖掘、机器学习、统计分析等，来揭示数据中的模式、趋势和关联。这些分析结果为决策提供了更为客观和全面的依据。在数字化思维的影响下，判断不再仅仅基于主观臆断或直觉，而是更多地依赖于数据分析的结果。个人需要根据数据分析的结论，结合自身的经验和知识，对决策的可能结果进行预测和评估。数字化思维强调逻辑和实证，要求个人在做出判断时保持客观和理性。在数字化思维的影响下，执行变得更加科学和可控。个人可以利用数字化工具与技术来监控和评估决策的执行过程,及时发现问题并进行调整。此外,数字化思维还强调持续学习和改进,要求个人在执行过程中不断积累经验,优化决策策略。

在团队或组织中,决策通常是一个集体过程,涉及多个成员的智慧和协作。数字化思维在这个过程中发挥着至关重要的作用,它促进了集体智慧的汇聚和高效协作,使得决策更加明智和具有创新性。

数字化思维强调数据的重要性,并鼓励团队成员积极分享和交换数据。通过数字化平台,团队成员可以轻松地获取、整理和分享各种信息,包括市场数据、客户需求、项目进度等。这种信息共享不仅提高了决策的透明度,还有助于发现潜在的问题和机会。在团队或组织中,数据分析是集体决策的重要支撑。数字化思维鼓励团队成员运用数据分析工具和技术,对收集到的数据进行深入挖掘和分析。通过数据可视化,复杂的数据关系和信息模式得以清晰呈现,帮助团队成员更好地理解数据背后的含义,从而做出更明智的决策。数字化思维强调跨界综合,鼓励团队成员打破部门壁垒,进行跨部门的协作与沟通。通过数字化平台和工具,不同部门和职能的成员可以实时共享信息、讨论问题和共同解决问题。这种跨部门协作不仅提高了决策的全面性和创新性,还有助于增强团队凝聚力和整体效能。

数字化思维强调分阶程控和持续改进,支持团队或组织在决策过程中进行迭代式优化。在集体决策过程中,团队成员可以根据数据分析的结果和实际情况,不断调整和优化决策方案。通过持续的迭代和改进,决策质量不断提高,团队或组织的竞争力和适应能力也得以增强。数字化思维强调决策的科学性和透明度。在集体决策过程中,数字化思维鼓励团队成员运用数据和分析结果来支持自己的观点与建议。这种基于数据的决策方式不仅增强了决策的科学性,还有助于提高决策的透明度和可信度。同时,数字化思维还鼓励团队成员对决策过程进行记录和分享,以便后续评估和反思。

综上所述,数字化思维通过促进信息共享与交流、强化数据分析与可视化、促进跨部门协作与沟通、支持迭代式决策与持续改进以及增强决策的科学性与透明度等方式,促进了团队或组织中的集体智慧和协作决策的形成。在数字化时代,团队或组织需要积极培养和应用数字化思维,以提高集体决策的质量和效率。

7.1.2 数字化思维与智能决策的关系

随着信息技术的飞速发展，数字化思维与智能决策逐渐成为现代决策科学领域的两大核心要素。它们之间不仅在理论层面体现出相互关系，更在实际应用中呈现出相互促进、共同发展的态势。

数字化思维是一种基于数据和信息技术的思维模式与方法论。它强调对数据的重视和利用，通过数学建模、机器学习等技术手段挖掘数据中的价值，为决策提供科学依据。在智能决策系统中，数字化思维发挥着至关重要的作用。首先，数字化思维为智能决策提供了丰富的信息基础。通过整合不同来源、格式和类型的数据，数字化思维将原本孤立、零散的信息汇聚成一个有机的整体，为智能决策系统提供了全面、准确的数据支持。这些数据不仅包括传统的结构化数据，还包括非结构化数据、实时数据等，使得决策过程更加全面、细致。其次，数字化思维借助数学建模、机器学习等技术手段，帮助构建和优化决策模型。这些模型可以模拟实际情况，预测未来趋势，评估不同决策方案的效果，从而为决策者提供有力支持。同时，随着数据量的不断增长和技术的不断进步，这些模型也会不断优化和完善，提高决策的精准性和效率。

智能决策系统作为数字化思维的重要实践平台，为数字化思维的应用和发展提供了广阔的空间。在智能决策系统中，数字化思维得以充分发挥其优势，推动决策过程朝更高效、更精准的方向发展。智能决策系统通过自动化、智能化的决策流程，降低了人为因素对决策的干扰。在传统决策过程中，人为因素往往会导致决策偏差、效率低下等问题。而智能决策系统则可以通过算法优化、数据挖掘等技术手段，减少人为因素的干扰，提高决策的客观性和准确性。另外，智能决策系统促进了数字化思维的深入应用。在智能决策系统中，数字化思维不仅仅是一种工具或方法，更是一种思维方式。决策者需要不断学习与掌握数字化思维的理念和方法，以适应日益复杂多变的决策环境。同时，智能决策系统也为数字化思维的应用提供了丰富的实践场景和案例，推动了数字化思维的不断创新与发展。

在智能决策系统中，个体决策和集体决策并不是孤立的，而是相互补充、相互促进的。个体决策者可以利用数字化思维提供的数据和分析结果，结合自己的专业知识和经验，做出更加灵活和创新的决策。而集体决策则更加注重全面性和稳定性，能够汇聚众人的智慧和经验，形成更加全面和稳定的决策方案。智能决策系统通过群体智慧挖掘和协同决策机制等技术手段，促进个体与集体之间的交流和合作。一方面，个体决策者可以通过智能决策系统与其他决策者进行实时沟通和协作，共同探讨问题、分享经验、寻求最佳解决方案。另一方面，集体决策也可以通过智能决策系统汇聚众人的智慧和经验，形成更加全面和稳定的决策方案。这种互动与融合不仅提高了决策的科学性和合理性，也增强了决策的可执行性与可持续性。

随着信息技术的不断发展和应用领域的不断拓展，数字化思维和智能决策将在未来发挥更加重要的作用。一方面，数字化思维和智能决策将进一步提高决策的精准性与效率。通过整合和优化各种数据资源与技术手段，数字化思维和智能决策将能够更加准确地把握问题本质、预测未来趋势、评估不同方案的效果，从而为决策者提供更加科学、更加全面的决策支持。另一方面，数字化思维和智能决策也将推动现代决策科学的创新与发展。在数字化思维和智能决策的影响下，传统决策科学将不断向数字化、智能化发展，形成更加先进、更加完善的决策理论和方法体系。同时，数字化思维和智能决策也将拓展决策科学的应用领域与范围，为各行各业的决策提供更加全面、更加精准的支持与服务。

因此，数字化思维与智能决策之间存在着紧密的联系和相互促进的关系。它们作为现代决策科学领域的两大核心要素，为现代决策提供了强大的支持和保障。

7.1.3 数字化思维在智能决策流程中的应用

在数据驱动的当今社会，决策制定过程正逐渐受到数字化思维的深刻影响。数字化思维，凭借其强大的数据处理和分析能力，帮助决策者从海量的信息中完成如图 7-3 所示的从问题识别、信息收集到方案生成、评估选择并在实施过程中进行实时监控与调整的过程。

在初步的问题识别阶段，数字化思维帮助决策者从大量数据中迅速捕捉问题的关键信息。通过分析历史数据、市场趋势等，数字化思维帮助决策者明确问题的核心和边界，为后续决策流程奠定基础。在决策制定的早期阶段，这种对问题的准确理解是至关重要的。

进入信息收集阶段，数字化思维强调数据的全面性和准确性。通过整合不同来源、不同格式的数据，数字化思维为决策者提供了丰富、多维度的信息。这些信息不仅包括传统的结构化数据，还包括非结构化数据，如社交媒体上的用户评论、图

图 7-3　数字化思维下的智能决策流程

片、视频等。这种全面的数据收集和分析使得决策者能够更全面地了解问题的背景与影响因素。

在方案生成阶段，数字化思维借助先进的算法和模型，如机器学习、优化算法等，快速生成多个可能的决策方案。这些方案基于大量的数据分析，充分考虑了各种可能性和风险，为决策者提供了更广泛的选择空间。这种基于数据的方案生成方式，大大提高了决策的科学性和准确性。

在评估选择阶段，数字化思维通过构建科学的评估指标体系和量化模型，对各个方案进行全面、客观的评估。这些评估结果帮助决策者了解各个方案的优劣和潜在风险，为最终决策提供依据。这种量化评估的方式，使得决策过程更加透明，更具可解释性。

在实时监控与调整阶段，数字化思维通过实时监测和分析数据，确保决策方案的顺利执行。一旦发现异常情况或问题，数字化思维可以迅速做出反应，调整决策策略或采取补救措施，确保决策目标的实现。这种实时的监控与调整机制，大大提高了决策的灵活性和适应性。

在智能决策的不同阶段，个体决策与集体决策发挥着各自的优势，并相互协同，共同促进决策的优化。在问题识别与信息收集阶段，个体决策者通常更加灵活和高效，能够快速捕捉问题的核心与关键信息。他们可以利用自己的专业知识与经验，结合数字化思维提供的数据分析工具，进行深入的数据挖掘与分析。而集体决策则通过汇聚众人的智慧和经验，提供更全面、多角度的信息和观点，帮助决策者更全面地了解问题的背景与复杂性。

进入方案生成与评估选择阶段，集体决策的优势更加明显。集体讨论和协作，可以汇聚众人的创意和想法，生成更多元、创新的决策方案。同时，集体决策还可以利用群体智慧挖掘技术，从大量数据中发现潜在的模式和趋势，为方案生成提供更多依据。而个体决策则可以在方案评估和选择过程中发挥重要作用。个体决策者可以利用自己的专业知识和经验，对各个方案进行深入分析和评估，提出有针对性的改进建议。他们还可以利用数字化思维提供的量化模型和评估指标，对方案进行全面、客观的评估，确保最终选择的方案是最优的。

在实时监控与调整阶段，个体决策和集体决策需要紧密配合。个体决策者需要密切关注决策方案的执行情况，及时发现并解决问题。他们可以利用数字化思维提供的实时监测和分析工具，对数据进行持续跟踪与分析，确保决策方案的顺利执行。同时，集体决策也需要在这一过程中发挥作用。通过集体讨论和协作，决策者可以及时发现并纠正执行过程中的偏差和问题，确保决策目标的实现。

综上所述，个体决策与集体决策在智能决策的不同阶段相互协同、相互促进，共同推动决策的优化和改进。数字化思维则为这一过程提供了有力的支持与工具，使得决策更加科学、高效和精准。

7.1.4 数字化思维对智能决策效果的影响

数字化思维通过一系列的方法和技术，显著提升了智能决策的效果，具体表现在决策的准确性、及时性和适应性三个方面。

①提高决策的准确性。数字化思维强调基于数据的决策制定。通过收集、整合和分析来自不同渠道的大量数据，数字化思维为决策者提供了全面、准确的信息支持。这些数据不仅包括传统的结构化数据，还包括非结构化数据，如社交媒体上的用户评论、图片、视频等。通过对这些数据的深入挖掘和分析，决策者可以更加准确地把握问题的本质和趋势，从而制订出更加精准的决策方案。此外，数字化思维还借助先进的算法和模型，如机器学习、预测分析等，对决策方案进行全面、客观的评估，进一步提高了决策的准确性。

②提升决策的及时性。在快速变化的市场环境中，决策的及时性至关重要。数

字化思维通过自动化、智能化的决策流程，显著提高了决策的及时性。传统的决策过程往往耗时耗力，而数字化思维则可以通过算法和模型快速生成决策方案，减少人工干预和决策时间。此外，数字化思维还强调实时监测和分析数据，确保决策者迅速发现问题和机会，及时调整决策策略。这种快速反应的能力使得决策更加及时、有效。

③增强决策的适应性。数字化思维注重决策的灵活性和可调整性。通过实时监测和分析数据，数字化思维可以帮助决策者及时发现问题与偏差，并迅速做出调整。这种动态调整的能力有助于决策更加适应不断变化的市场环境和需求。此外，数字化思维还强调个体与集体决策的融合与互动。通过协同决策机制和群体智慧挖掘技术，智能决策系统可以汇聚个体的智慧和经验，形成更加全面、科学的决策方案。

在提升决策效果的过程中，个体决策与集体决策相互补充、相互促进，共同发挥重要作用。个体决策者通常具备丰富的专业知识和经验，能够灵活应对各种复杂情况。他们能够从不同的角度审视问题，提出新颖的解决方案。这种灵活性和创新性为决策带来了新的思路与方法，有助于打破传统框架和思维模式，推动决策的改进与优化。集体决策汇聚了众人的智慧与经验，具有更全面、更稳定的特点，有助于确保决策的科学性与合理性。集体讨论和协作，有助于汇聚多个个体的创意与想法，形成更加全面、多元化的决策方案。同时，集体决策还能够减少个人偏见和主观因素的影响，提高决策的客观性与公正性。

在智能决策系统中，个体决策与集体决策不是孤立的，而是相互融合、相互促进的。个体决策者可以利用数字化思维提供的数据和分析结果，结合自己的专业知识与经验，为集体决策提供有力的支持。同时，集体决策也可以为个体决策提供更广阔的视野和更全面的信息，帮助个体决策者更好地把握问题的本质与趋势。这种互动与融合使得决策过程更加科学、高效和精准。

7.2 基于数字化思维的智能决策方法

7.2.1 数字化思维引领的智能决策方法论

在数字化时代，决策制定的方式正在发生深刻变革。传统的决策方法虽然经典，但在面对海量数据和复杂问题时，决策者往往显得力不从心。因此，引入数字化思维，结合现代数字化工具和方法，构建一种创新的决策框架，成为提升决策效率和准确性的关键。

创新性决策框架的构建通常包括以下步骤。

①数据驱动的洞察。数字化思维强调以数据为基础，通过对数据的收集、清洗、分析和挖掘，获得深入的洞察结果。这些数据洞察结果能够为决策者提供客观、全面的信息支持，避免主观偏见和片面性。

②情景模拟与预测。利用现代数字化工具，如大数据分析、机器学习、人工智能等，对不同的决策方案进行情景模拟和预测。这有助于决策者预见未来可能的结果，从而做出更加明智的选择。

③决策方案的优化。基于数据洞察和情景模拟，对决策方案进行优化，包括调整策略、优化资源配置、改进执行计划等。优化的目标是最大化决策效果，实现组织目标。

④实时反馈与调整。决策执行过程中，需要实时收集反馈数据，对决策效果进行监测和评估。如果发现实际效果与预期不符，应及时调整决策方案，确保决策目标的实现。

在创新性决策框架基础上，数字化思维引领的智能决策方法论往往是一个融合了人工智能与机器学习、归纳演绎、决策树、神经网络等多种技术的综合过程。这个过程的核心在于利用数据驱动的决策方法，提高决策的准确性和效率。其中，机器学习是人工智能的一个子领域，它致力于研究如何让计算机从数据中演绎并做出预测或决策，而不需要进行明确的编程。机器学习通过训练数据来"学习"如何完成任务，并在新的、未见过的数据上进行预测或决策。机器学习可以分为监督学习、无监督学习和半监督学习等，根据训练数据的标签情况和任务需求来选择合适的方法。归纳演绎是一种从具体实例中推导出一般规律的学习方法。在机器学习中，归纳演绎通常指从训练数据中演绎出一个模型，这个模型可以对新数据进行预测或分类。决策树是一种常用的归纳学习算法，它通过树状结构来表示决策过程。每个内部节点表示一个属性上的判断，每个分支代表一个可能的属性值，每个叶节点代表一个类标签。决策树通过递归地将数据集划分成更小的子集来构建模型，每个子集都尽可能纯净（即属于同一类别）。这种划分过程基于某种准则（如信息增益、增益率、基尼系数等）来选择最优划分属性。神经网络是一种模拟人脑神经元结构的计算模型，它由大量相互连接的神经元（即节点）组成。每个神经元接收来自其他神经元的输入信号，并根据其权重和激活函数计算输出信号。神经网络可以通过反向传播算法进行训练，该算法不断调整神经元的权重以最小化损失函数（即预测误差）。训练完成后，神经网络可以对新输入信号进行预测或分类。深度学习是神经网络的一个子领域，它使用具有多个隐藏层的神经网络来处理复杂的问题。深度学习模型（如卷积神经网络、循环神经网络等）在图像识别、自然语言处理等领域取得了显著的成果。

在智能决策过程中，这些技术可以相互结合使用。例如，可以利用机器学习算法从大量数据中提取有用的特征，然后利用决策树或神经网络构建预测模型。这些模型可以用于指导决策过程，提高决策的准确性和效率。同时，随着数据的不断积累和技术的不断进步，这些模型可以持续优化和改进，以适应不断变化的环境和需求。引入数字化思维，结合现代数字化工具和方法，可以构建一种创新的决策框架，实现决策流程的重构。这不仅有助于提高决策效率和准确性，还能够帮助组织更好地适应数字化时代的发展需求。

7.2.2 数字化思维在复杂决策场景中的应用

在复杂多变的决策场景中，数字化思维为决策者提供了一种系统性的、基于数据的分析方法，帮助决策者更加理性、高效地制定决策策略。特别是在不确定性和多目标优化这两种常见的复杂决策场景中，数字化思维的应用显得尤为重要。

（1）不确定性决策

不确定性决策是指与决策相关的那些因素不仅不能肯定，而且每种可能结果出现的概率也无法确切地加以预计。在这种情境下，各种备选方案的条件只能以决策人员通过经验判断所确定的主观概率为依据。不确定性决策常用的分析方法主要有三种，即保守的决策方法（大中取小法、小中取大法）、乐观的决策方法和折中的决策方法。

在不确定性情景下，决策者往往缺乏完整准确的信息，这使得决策过程变得更加复杂和困难。此时，决策者可以利用数字化思维通过以下几个步骤来制定智能决策：首先，尽量将不确定性量化，例如使用概率分布来描述未来事件的可能性。这可以通过收集历史数据、专家意见和市场调研等方式实现。其次，可以基于量化的不确定性，构建多个可能的未来情景，并对每个情景下的决策结果进行模拟。情景模拟分析有助于决策者理解不同情景下决策的可能后果。最后，要遵从风险偏好与决策准则，即明确决策者的风险偏好（如风险厌恶、风险中立或风险爱好），并制定相应的决策准则。例如，对于风险厌恶的决策者，他们可能更倾向于选择最坏情况下损失最小的决策方案。

在不确定性决策中，决策者需要保持决策的灵活性和适应性。这意味着决策方案应该能够随着新信息的出现而进行调整。数字化思维可以帮助决策者建立一种反馈循环机制，及时收集执行过程中的反馈数据，对决策方案进行动态调整。

多目标优化决策则是具有两个以上的决策目标，并且需用多种标准来评价和优选方案的决策。这种决策在企业中尤为重要，例如一个重大技术改造项目的决策，就需要考虑经济效益、社会效益、安全生产与环境保护等多方面的目标，并用多种标准来评价方案和优选方案。目标和标准的多样性，造成方案优劣比较工作较为复杂，决策者难以找到使所有目标达到最佳的方案。多目标优化决策的特点在于用满意标准取代最优标准，即决策过程是从淘汰较差方案开始，在剩下的方案中选取满意的方案。

（2）多目标优化决策

决策涉及多个冲突目标时，数字化思维同样可以发挥重要作用。在这种情况下，决策者首先需要明确各个目标的重要性和优先级，并确定决策过程中的约束条件。这有助于缩小决策方案的搜索空间。然后将多个目标转化为可量化的指标，并建立一个多目标优化模型。这个模型应该能够综合考虑所有目标，并找到一种平衡各个目标的解决方案。当多个目标之间存在冲突时，决策者需要进行权衡分析，找出各个目标之间的折中关系。数字化思维可以帮助决策者使用数学工具（如线性规划、多目标决策分析等）来找到最优解或满意解。之后，要进行决策支持与仿真验证，利用决策支持系统或仿真软件来验证决策方案的可行性和效果。这些工具可以帮助决策者更好地理解决策方案在不同目标之间的权衡关系，并提供关于方案实施可能性的反馈。

在多目标优化决策中，很少能一次性找到完美的解决方案。因此，决策者需要保持迭代优化的心态，持续改进决策方案，以实现更好的综合效果。这里用一个简单的例子来说明这个过程。假设一家制造公司正在考虑引入一条新的生产线，决策者需要评估多个目标来做出决策，例如成本、生产效率、市场需求和环境影响等因素，此时需要明确目标和约束。

目标：最小化成本、最大化生产效率、满足市场需求、最小化环境影响。

约束：预算限制、生产能力、环境法规等。

之后要将目标转化为可量化指标，如：成本可转化为货币单位等量化指标，生产效率可转化为单位时间内产出的产品数量，市场需求满足度可转化为百分比的形式，环境影响可转化为排放物的数量和种类。然后建立多目标优化模型，尝试找到在满足所有约束条件下，同时优化所有目标的生产线设计方案并进行权衡分析和敏感性分析。如果成本降低会导致生产效率下降或环境影响增加，决策者需要权衡这些目标之间的冲突。在此过程中可能需要进行敏感性分析或帕累托分析来理解不同目标之间的权衡关系，并找到最优的折中方案。为了快速准确地获得问题求解结果，可使用线性规划或整数规划工具来求解优化模型，找到成本、生产效率、市场需求和环境影响之间的最佳平衡点。如果模型复杂，可能还需要使用仿真软件来模拟生产线的运行情况，验证决策方案的可行性。利用决策支持系统来整合和分析来自不同来源的数据与信息，帮助决策者理解各种方案的潜在影响。通过仿真验证来模拟生产线的运行，预测其在实际操作中的表现，并根据反馈调整决策方案。基于仿真结果和决策者的反馈，对决策方案进行调整与优化。重复上述步骤，直到找到满意的解决方案或达到决策的时间限制。

上述例子展示了数字化思维如何帮助决策者在多目标决策过程中进行权衡、分析和优化，从而做出更加全面有效的决策。在实际应用中，这个过程可能会更加复杂，涉及更多的目标和约束，以及更多的数据分析和仿真验证步骤。

总之，在复杂决策场景中，数字化思维通过量化不确定性、建立多目标优化模型、进行权衡分析和迭代优化等步骤，为决策者提供了一种更加系统、科学和高效的方法论。这有助于决策者在面对不确定性和多目标冲突时，做出更加明智和稳健的决策。

7.2.3 数字化思维决策的评估与优化

在数字化思维决策的过程中，评估与优化是两个不可或缺的环节。通过评估，决策者可以了解决策的实际效果，为未来的决策提供反馈和参考；而优化则意味着决策者在决策实践中不断学习、调整，以提升决策的质量和效率的过程。

（1）数字化思维决策的评估

决策效果评估是衡量决策实际效果的关键环节。基于数字化思维，可以采取以下方法来评估决策效果。

①设定明确的评估指标。在决策实施前，需要设定明确的评估指标，这些指标

应该与决策目标直接相关，并且能够量化。例如，如果决策目标是提高销售额，那么评估指标可以是销售额的增长率、客户满意度等。

②收集实际数据。在决策实施后，我们需要收集实际的数据来评估决策效果。这些数据应该包括决策实施前后的对比数据，以及可能影响决策效果的其他相关数据。

③分析数据并得出结论。通过对比实际数据与评估指标，可以分析决策的实际效果。如果实际数据达到了预期目标，那么决策效果良好；如果未达到预期目标，则需要进一步分析原因并调整决策方案。

（2）数字化思维决策的优化

在数字化思维决策中，持续学习与优化是非常重要的。这是因为市场环境、客户需求等因素都在不断变化，我们需要不断学习新知识、新技能，以适应这些变化，并不断优化决策方案。为了实现持续学习，企业可以建立学习机制，例如定期组织内部培训、外部研讨会等活动，鼓励员工学习新知识、新技能。在实施决策的过程中，需要收集各方面的反馈意见，包括客户、员工、合作伙伴等。这些反馈意见可以帮助我们发现决策中存在的问题和不足之处，并及时调整决策方案。数字化思维决策离不开先进技术的支持。我们可以利用大数据、人工智能等先进技术来优化决策方案。例如，通过大数据分析客户行为和需求，为决策提供更加准确的数据支持；通过人工智能进行智能预测与推荐，提高决策的精准度和效率。

总之，在数字化思维决策中，评估与优化是两个不可或缺的环节。通过设定明确的评估指标、收集实际数据并进行分析、建立学习机制、收集反馈并调整决策以及利用先进技术进行优化等方法，决策的质量和效率得以不断提升，为企业的发展提供有力支持。

7.3 数字化思维与智能决策的实践案例：北京智能交通系统

7.3.1 案例背景介绍

北京作为中国的首都和一座超大型城市，面临着多方面的交通挑战。首先，巨大的交通流量是其最显著的城市交通管理问题之一。由于人口众多，加之大量的外来人口和车辆，北京的交通系统承受了巨大的压力。尤其是在早晚高峰时段，车辆数量剧增，给交通带来了沉重的负担。其次，北京的道路网络结构相当复杂。从古老的胡同到现代化的高速公路，道路类型多样，交通规划和管理因此变得异常复杂。此外，随着城市化的快速推进，新的建筑和道路不断出现，也为交通管理带来了新的挑战。最后，频繁的交通拥堵现象也是北京交通的一大难题。特别是在市中心区域，由于道路狭窄、车流量大，加上行人、非机动车等多种交通方式的交织，拥堵现象时有发生。这不仅影响了人们的出行效率，也增加了交通事故的风险。

为了应对这些交通挑战，北京市政府积极推动智能交通系统的建设。智能交通系统利用先进的技术手段，如大数据、人工智能等，对交通流量、路况等信息进行实时分析和预测，为交通管理提供有力的数据支持。通过智能交通系统，政府可以更好地规划和管理道路资源，提高交通的流畅度和安全性。北京现已实施多项智能交通项目，其中包括智能交通信号灯系统，它能够根据实时交通流量调整信号灯的时间和路线，以缓解交通拥堵。此外，北京还推广了公共交通智能化，如通过应用程序提供实时公交到站信息、共享单车智能调度等，鼓励市民使用公共交通工具，减少私家车出行，从而减轻道路交通压力。

总的来说，北京作为首都和超大城市，面临着巨大的交通挑战。但通过推动智能交通系统的建设，政府正在努力改善交通状况，为市民提供更加便捷、安全的出行环境。

7.3.2 北京智能交通系统的数字化思维应用

北京智能交通系统在传统交通系统的基础上融入了尖端的信息技术和智能化设备，从而实现了交通信息的全面采集、精确处理、高效传输和智能化应用。这一创新性的交通管理方式，为城市居民带来了前所未有的便捷、安全和高效的出行体验。通过无缝整合互联网、大数据和人工智能等前沿技术，北京智能交通系统为公众提供了全方位、智能化的出行服务，引领着城市交通向现代化和智能化迈进。

北京智能交通系统由多个关键模块构成，包括车辆识别与监控系统、智能信号控制系统、路况信息采集系统、智能导航系统和智能收费系统。

①车辆识别与监控系统。该系统利用部署在交通要道的先进监控设备，实现对车辆的实时监控和精确识别。通过自动捕捉和处理违规行为，该系统不仅提升了交通管理的效率，还极大地增强了道路安全性。

②智能信号控制系统。该系统基于实时的交通信息和车辆流量数据，智能地调整信号灯的时序和方向配置。这不仅优化了交通流量，有效缓解了拥堵问题，还降低了车辆排放和燃油消耗，为城市环境贡献了一份力量。

③路况信息采集系统。通过交通摄像头、监测器等设备，该系统实时采集并传输路况信息，为驾驶员提供及时、准确的道路状况反馈，帮助驾驶员随时掌握最佳行车路线，避免拥堵，节省时间和燃油。

④智能导航系统。该系统结合了卫星导航技术和实时路况信息，为驾驶员提供精确、高效的导航服务和路线规划。通过避开拥堵路段，驾驶员能够节省时间和油耗，享受更加顺畅的出行体验。

⑤智能收费系统。借助电子不停车收费（ETC）和无感支付技术，该系统实现了车辆的快速通行和自动收费。这不仅提高了收费效率，还显著提升了服务质量，为公众带来了更加便捷、高效的出行体验。

北京智能交通系统不仅仅是一个交通管理工具，更是一个对城市生活产生深远影响的创新应用。借助智能信号控制系统和实时路况信息的结合，北京智能交通系统能够有效地调整道路交通流量，减少拥堵现象，从而显著提高道路的通行效率。更高的通行效率意味着更少的等待时间和更快的出行速度，也为城市居民带来更加顺畅的出行体验。车辆识别与监控系统的应用，使交通违规行为得到自动捕捉和处理，从而显著减少交通事故的发生。同时，智能导航系统提供的准确导航信息，也有助于避免驾驶员因迷路或误判路况而发生的危险行为。

通过智能交通系统，交通信息的自动采集和处理成为可能。这不仅极大地减少了人力成本，还显著提高了交通管理的效率和效果。这种智能化的交通管理方式，使得交通管理部门能够更加精准地掌握交通状况，做出更加科学的管理决策。智能导航系统结合实时路况和个性化需求，为驾驶员提供最佳的路线规划和导航服务。这意味着驾驶员不再需要担心迷路或选错路线，而是能够更加高效、便捷地到达目的地，从而大大提升出行体验。北京智能交通系统作为城市智能化建设的重要组成部分，通过深度融合互联网、大数据、人工智能等前沿技术，推动了城市交通的智能化和现代化发展。这种创新性的交通管理方式，不仅提升了城市交通的整体水平，还为城市的未来发展注入了强大的智能化动力。[60]

经过多年的努力与发展，北京智能交通系统取得了令人瞩目的成果。目前，城市计算机辅助调度系统、公交智能调度系统以及交通信号协调与控制系统等均已得到广泛应用，并为城市交通带来了实质性的改善。

在未来，北京智能交通系统将持续深化与其他城市交通系统的互联互通，打造城市间的联动和信息共享新机制。智能信号控制系统作为核心组件之一，也将迎来进一步完善。通过更精细的数据分析和高级算法，该系统将实现信号灯调控的进一步优化，确保交通流畅，减少拥堵。

此外，北京智能交通系统还将加强对新能源车辆和无人驾驶技术的研究与应用。这些前沿技术将为交通系统注入更多智能化元素，不仅能提升出行效率，还能为城市环境贡献一份力量。

总结而言，北京智能交通系统已为城市居民提供了智慧化、便捷化的出行体验，大幅降低了交通拥堵和事故风险，提高了交通管理的效率和整体出行质量。展望未来，随着技术的不断创新与进步，北京智能交通系统将持续完善，为人们的出行提供更加智能化、个性化的服务，共同塑造一个更加高效安全的城市交通环境。

7.3.3 北京市交通系统数字化思维应用效果评估：双智专网引领智慧交通新时代

在北京市交通系统的数字化思维引领下，一项革新性的技术——双智专网，正逐步成为推动智慧交通发展的核心力量。双智专网融合智慧城市与智能交通的理念，以其超高速、低延时、高可靠性的特性，为北京市交通系统的数字化转型提供了强有力的支持。

随着无人驾驶汽车、手术机器人等高科技应用的不断涌现，人们对于网络速度和稳定性的要求也日益提升。在这样的背景下，双智专网应运而生，成为满足这些高端需求的关键所在。它利用自主可控的增强移动宽带（enhanced ultra high throughput, EUHT）技术，打造了专为智慧城市和智能交通领域设计的超高速网络，为各类应用场景提供了坚实的网络基础。

北京市高级别自动驾驶示范区作为双智专网的首个落地项目，已经实现了60平方千米核心区的全覆盖。这一举措不仅提升了自动驾驶汽车的运行效率和安全性，更展示了双智专网在降低时延、增强信号稳定性等方面的卓越性能。与此同时，双智专网的无缝衔接基站设计，确保了信号在不同基站间的稳定传输，为用户提供了更加流畅的网络体验。

双智专网的优势不仅体现在技术层面，更在于其对智慧城市和智能交通领域的深远影响。在智能交通方面，双智专网将助力实现更高级别的自动驾驶、智能信号控制、智慧停车等动静态交通融合的应用场景。而在智慧城市领域，双智专网则能够为公众服务、协同运输、设备维护等方面提供更为强大的支持。

此外，双智专网还在不断探索新的应用领域。例如，在手术机器人领域，双智专网通过构建以 EUHT 为核心的室内专网，解决了有线连接的局限性问题，为医疗领域的数字化转型提供了新的思路。同时，双智专网还在交通枢纽、轨道微中心等场景进行了广泛的应用尝试，为未来的智慧化应用奠定了坚实的基础。

为了进一步推动双智专网的应用和发展，北京市经济和信息化局、市自驾办、京智网公司等部门共同发起了倡议，鼓励更多企业和机构探索双智专网在"机器人+"等场景中的创新应用。这一举措不仅有助于推动专网产业的繁荣发展，更能够为北京市交通系统的数字化转型注入新的活力。

双智专网作为北京市交通系统数字化思维的重要应用成果之一，已经展现出其强大的潜力和广阔的应用前景。未来，随着技术的不断进步和应用场景的不断拓展，双智专网将成为推动北京市智慧交通发展的重要力量，引领北京市智慧交通进入新时代。[61]

本章课件

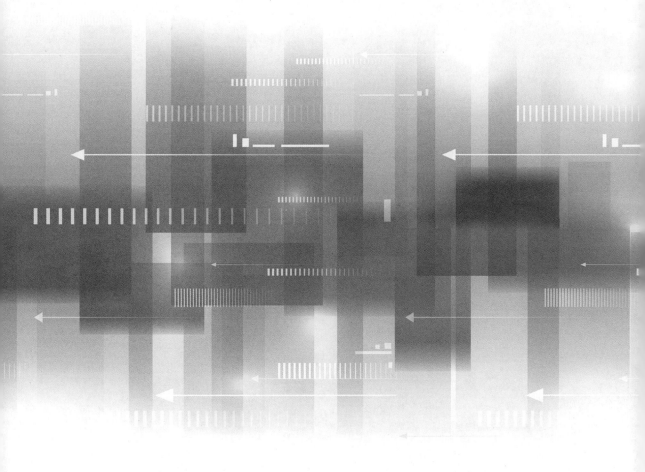

第 8 章
数字化思维赋能场景应用

8.1　智能家居：个性化体验，触手可及的未来生活

随着科技的快速发展，智能家居正逐渐融入我们的日常生活，为我们带来前所未有的便捷与舒适。通过智能家居设备，我们可以轻松实现个性化配置，根据个人喜好和需求调整家居环境。例如，智能照明系统可以根据我们的生物钟与习惯自动调整光线亮度和色温，创造舒适的视觉环境。同时，智能家居设备之间的无缝连接为我们带来了更加智能化的生活体验，如通过手机或语音助手控制家电设备，实现一键操作，轻松享受科技带来的便利。[62]

8.1.1　定制化的智能生活场景

当前，智能家居系统已成为市场主流趋势，涵盖了家庭安防、智能照明、智能影音、智能家电、智慧健康和智能控制等诸多方面的产品。这些产品通过互联互通、相互协作，共同构建了一个全面而完善的智能生活生态系统。

以国内领先的智能家居品牌小米为例，其系统经过精心设计与完善，为用户提供了卓越的智能生活体验。例如，通过米家全屋智能家居控制系统，小米的智能门锁在智能网关的控制下可以做到在开启的瞬间便与中央控制系统协同工作，自动触发灯光、窗帘等设备的联动操作，为用户营造温馨舒适的家居环境。智能照明系统能够根据用户的需求和场景，自动调节灯光亮度和色温，营造出最适宜的照明氛围。小米的小爱音箱则通过先进的语音识别技术，实现了全屋设备的语音控制。用户只需简单发出指令，小爱音箱便能迅速响应，将各个智能家居设备串联起来，为用户带来便捷高效的操作体验。同时，智能家电设备支持手机远程控制，并与其他智能设备实现联动，进一步提升了家居生活的智能化水平。此外，小米的可穿戴设备和体脂秤能够实时监测用户的身体健康数据，帮助用户更好地管理自己的健康状况。通过"米家"app，用户可以轻松实现全局控制，根据个人喜好进行个性化设置。结合小爱音箱，用户能够充分发挥智能家居设备的资源整合能力，打造一个全面而高效的智能家居生态闭环，获得更加舒适、便捷的智慧生活体验。

以小米、华为、天猫精灵等品牌为代表的智能家居设备的个性化配置在日常生活场景中发挥了重要作用，为用户带来了前所未有的便捷和舒适体验。以下是一些具体的智能家居设备个性化配置的生活场景。

（1）早晨唤醒场景

清晨，智能家居系统根据用户的日常作息习惯，自动调整卧室的窗帘，让柔和

的晨光悄悄洒进房间。同时，智能音响设备播放着用户喜欢的轻音乐，逐渐唤醒听觉。当用户起床时，智能床垫会自动调整到用户喜欢的硬度和角度，为其带来最佳的体验。

（2）离家工作场景

当用户离家去上班时，智能家居系统会自动进入离家模式。智能门锁会自动上锁，确保家庭安全；智能照明系统会自动关闭不必要的灯光，节省能源；智能安防系统会启动监控模式，确保家中的安全。同时，用户还可以通过手机应用远程监控家中的情况，随时掌握家中动态。

（3）回家娱乐场景

当用户下班回家时，智能家居系统会根据用户的喜好和习惯，自动调整室内的环境。智能照明系统会调整光线，为其营造舒适的氛围；智能音响设备会自动播放音乐，放松用户心情。用户还可以通过智能投影仪或智能电视观看电影或玩游戏，享受高品质的娱乐生活。

（4）夜间休息场景

当用户准备休息时，智能家居系统会为其打造一个安静舒适的睡眠环境。智能照明系统会自动调整到柔和的暖色调，降低光线亮度；智能窗帘会自动关闭，确保卧室的黑暗环境；智能空调或智能加湿器会根据室内温度和湿度自动调整，提供最佳的睡眠环境。

这些只是智能家居设备个性化配置的一些生活场景示例。实际上，根据用户的需求和喜好，智能家居系统还可以为用户提供更加丰富的个性化配置，如自动调节室内温度、湿度和空气质量，控制家电设备的开关和定时任务等。这些个性化的配置不仅为用户带来了便捷和舒适，还提高了用户的生活质量和幸福感。

8.1.2 智能家居系统的实现原理

智能家居系统的实现主要基于先进的计算机技术、网络通信技术、智能云端控制、综合布线技术、医疗电子技术等，依照人体工程学原理，融合个性需求，将与家居生活有关的各个子系统，如安防、灯光控制、窗帘控制、煤气阀控制、信息家电、场景联动、地板采暖、健康保健、卫生防疫、安防保安等，有机地结合在一起。通过网络化综合智能控制和管理，实现"以人为本"的全新家居生活体验。

（1）**智能家居系统的实现技术**

智能家居系统主要依赖以下几种技术实现。

①物联网技术。物联网是智能家居的基础，通过连接和互联各种智能设备和传感器，实现设备之间的通信和数据交换。这些设备可以包括智能照明、智能家电、智能安防系统等，它们之间可以通过无线或有线方式进行连接，形成一个统一的智能家居网络。

②无线通信技术。智能家居系统需要支持无线通信，如无线上网（Wi-Fi）、蓝牙等，以实现设备之间的连接和远程控制。这些无线通信技术使得用户可以通过手机、平板电脑等设备随时随地对家居设备进行控制和管理。

③人工智能技术。人工智能在智能家居系统中起到重要作用，如语音识别和语音控制、图像识别和分析、智能推荐等。通过人工智能技术，智能家居系统可以自动学习和适应用户的行为与习惯，为用户提供更加智能化和个性化的服务。

④云计算技术。通过云计算平台，智能家居系统可以实现远程控制、数据存储和分析等功能。用户可以通过互联网远程访问和控制自己的家居设备，同时系统也可以收集和分析用户的使用数据，为用户提供更加精准和个性化的服务。

⑤其他技术。智能家居系统还依赖于智能家居协议标准、智能家居安全技术等其他技术。随着技术的不断发展和创新，智能家居系统将会越来越智能化、便捷化和舒适化。

（2）**智能家居系统的功能架构**

智能家居系统提供面向家庭设备的网络平台，将各种与信息相关的通信设备、家用电器设备和安防装置等通过有线或无线方式连接成网络。其网络层次结构可以分为多个层次，包括物理层、数据链路层、网络层、传输层和应用层等。表 8-1 汇总了智能家居系统的主要功能架构。

以上只是智能家居系统架构的简要描述，实际的系统架构可能会因不同的厂商和产品而有所差异。但总体而言，智能家居系统的架构旨在实现设备的互联互通、智能化控制和管理，以及为用户提供更加便捷、舒适和安全的居家生活体验。除了上述提到的功能架构外，智能家居系统还可以根据不同的需求和应用场景进行进一步的细化与扩展。以下是一些其他可能的智能家居系统功能架构。

表 8-1　智能家居系统功能架构组成

序号	系统架构	主要功能
1	中控网关系统	相当于整个智能家居系统的大脑，一般由服务器、网关等构成，支持多个无线通信协议。它负责接收信号，兼容各种不同设备于一个系统，并发送指令，指挥各个系统设备智慧化地工作及联动。
2	交互控制系统	负责用户与智能家居设备之间的交互。传统家居设备的交互控制方式一般为物理按键按钮或红外蓝牙遥控，而智能家居的交互控制方式有近距离的触摸、中等距离的语音、不受距离限制的手机应用等多种方式。
3	智能照明系统	使得人们和光源的交互方式便捷化，实现对亮度、色温、焦距调整等方面的控制，还有护眼、防眩目等健康方面的功能，实现节约能源、感应自动化等功能。
4	智能安防系统	全方位的安防系统包括门禁设备、防盗设施、入室监控、漏水检测、易燃监测、老人应急等，可以防患于未然，亦可第一时间掌握安全事件的证据和查找原因。

①环境感知与调控系统。该系统通过各类传感器、摄像头、麦克风等设备，实时监测和感知家庭环境，包括温度、湿度、光照、空气质量等。系统根据感知到的环境信息，可以自动调节家庭设备，如空调、加湿器、窗帘等，以创造舒适、节能、健康的居住环境。

②健康管理系统。智能家居系统可以与用户的健康设备进行连接，如体重秤、血压计、睡眠监测仪等。通过分析这些健康数据，系统可以为用户提供个性化的健康建议、提醒和管理，帮助用户更好地管理自己的健康状况。

③娱乐与信息服务系统。智能家居系统可以提供丰富的娱乐和信息服务，如音乐播放、电影观看、新闻资讯、天气预报等。用户可以通过语音指令、手机应用等方式，随时享受这些服务，提升居家生活的品质和乐趣。

④智能安防与报警系统。除了上述提到的安防系统外，智能家居系统还包括智能门锁、智能摄像头、烟雾报警器、可燃气体探测器等设备。当发生异常情况时，系统可以及时发出报警，并通过手机应用、短信等方式通知用户，确保家庭安全。

⑤智能家居控制系统。该系统是智能家居的核心，负责接收用户的指令，控制家庭设备的开关、调节、联动等操作。用户可以通过手机应用、语音指令、触摸屏等多种方式，实现对家庭设备的远程控制和管理。

8.1.3 智能家居系统的发展趋势

从承载消费升级新动能方面来看，智能家居系统的发展具有巨大的潜力和价值。首先，智能家居系统通过集成各种智能设备和系统，为用户提供了更加便捷、舒适和个性化的生活体验。用户可以通过手机应用、语音指令等方式随时控制家居设备，享受智能化的服务。这种个性化的配置和智能化的控制，满足了消费者对高品质生活的追求，推动了消费升级。其次，智能家居系统的发展也带动了相关产业的发展和创新。随着智能家居市场的不断扩大，越来越多的企业开始研发和生产智能家居产品，推动了产业链的升级和扩展。同时，智能家居系统的应用也促进了互联网、物联网、人工智能等新兴技术的发展和创新，为相关产业提供了更多的发展机遇和空间。

智能家居系统还为消费者提供了更加丰富的消费场景和渠道。传统的家居消费主要集中在实体店购买和装修市场，而智能家居系统的出现，使得消费者可以通过线上平台购买智能家居产品和服务，实现了线上线下的融合。同时，智能家居系统可以与电商、社交等平台进行连接，为消费者提供更加便捷和个性化的购物体验。智能家居系统的发展也符合国家对消费升级和绿色发展的政策导向。政府鼓励创新和技术进步，推动产业升级和消费升级。智能家居系统作为一种绿色、智能、高效的家居解决方案，有助于降低能耗、减少浪费、提高生活质量，符合国家对绿色发展和可持续发展的要求。

因此，未来随着技术的不断进步和市场的不断扩大，智能家居系统将成为推动消费升级和经济发展的重要力量。可以预见，未来的智能家居系统将更为智能化、个性化、互联化和安全化，能够更好地理解用户的需求和习惯。例如，系统可以学习用户的日常作息和偏好，自动调整家居环境，提供更为个性化的服务。未来的智能家居系统将更加注重个性化配置，满足不同用户的独特需求。用户可以根据自己的喜好和习惯，定制各种智能场景和自动化任务，享受更为便捷和舒适的生活体验。随着物联网技术的不断发展，智能家居系统将实现更加全面的互联互通。各种智能设备将能够无缝连接和协作，形成一个统一的智能家居网络。同时，智能家居系统也将与其他智能系统进行连接，如智能交通、智能医疗等，为用户提供更为便捷和高效的服务。此外，智能家居系统的安全性将越来越受关注。未来的系统将采用更加先进的加密技术和安全防护措施，确保用户数据和隐私的安全。同时，系统也将具备更强的抗干扰和防攻击能力，保障系统的稳定运行和用户的安全。

展望未来，智能家居系统将进一步整合并优化多样化的家居设备和系统，从而实现全方位的家居自动化体验。通过无缝集成智能照明、智能安防、智能环境控制等多元化系统，用户将能够一键式或借助语音控制轻松管理整个居住环境。值得一提的是，环保与节能将成为智能家居系统发展不可或缺的重要方向。未来的系统将致力于实现能源的高效利用和节约，通过引入尖端的节能技术和智能算法，显著降低家居设备的能耗，为用户创造一个既智能又环保的生活空间。总之，未来的智能家居系统将更加智能化、个性化、互联化、安全化和绿色节能化，为用户提供更为便捷、舒适、安全和环保的居家生活体验。[63]

8.2 商业革新：点燃创新之火，重塑商业格局

在数字化时代，商业领域的变革日新月异，企业需要通过数字化转型来适应市场的变化并提升竞争力。数字化转型不仅可以帮助企业实现业务流程的优化和效率提升，还可以开辟新的商业模式和策略。通过利用大数据、人工智能等数字化工具，企业可以更加精准地分析市场趋势和客户需求，从而制定更加有效的营销策略和产品创新方案。此外，数字化工具还可以帮助企业提升客户体验和服务质量，增强品牌影响力。

8.2.1 数字化转型的商业价值

在 21 世纪的商业舞台上，数字化转型已经从一个可选项变为必选项。随着科学技术的飞速进步和市场竞争的日益加剧，企业如果不紧跟数字化转型的步伐，就可能面临被边缘化甚至淘汰的风险。数字化转型不仅仅是一个技术层面的转变，更是一个深层次的商业模式和战略思维的转变。

数字化转型通过引入自动化、智能化等技术手段，可以显著提高企业的生产效率。在传统的业务流程中，很多重复、烦琐的工作需要人工完成，不仅耗时耗力，而且容易出错。而数字化转型可以将这些工作交由机器完成，不仅提高了效率，而且降低了错误率。此外，数字化转型还可以优化供应链管理、库存管理等方面，实现资源的优化配置，提高企业的整体运营效率。

数字化转型正在重塑企业的运营模式和商业模式，使之更加贴合市场需求和客户需求。通过大数据分析，企业能够洞察市场的潜在需求，进而研发出创新的产品

或服务。此外，数字化转型为企业开辟了电子商务、移动支付等新型销售渠道，丰富了企业的收入来源。在数字化转型的推动下，企业能够更精确地把握客户的期望和偏好，为客户提供更加个性化和贴心的服务体验。智能客服系统的引入，不仅提升了客户服务的响应速度，也增强了客户满意度。同时，数字化转型促进了服务流程的智能化和自动化，显著提升了服务效率与质量。值得一提的是，数字化转型为企业带来了显著的竞争优势。它使企业能够通过引入先进技术和管理模式，优化运营流程、降低成本、提升产品和服务质量。此外，数字化转型将还助力企业开拓新的市场和销售渠道，从而扩大市场份额和品牌影响力。不仅如此，数字化转型对于企业的可持续发展也具有积极推动作用。通过采纳环保技术和管理模式，企业可以降低能源消耗和污染物排放，减少对环境的负面影响。同时，数字化转型有助于企业实现资源的循环利用和废弃物的有效处理，进一步推动企业走向绿色和可持续的发展道路。

此外，数字化转型通过整合大数据、人工智能等尖端技术，为企业提供了更为全面和准确的市场与业务数据。这些数据为企业制定科学有效的决策提供了有力支持。更重要的是，数字化转型助力企业建立风险预警和应对机制，使企业能够及时发现并应对各种潜在风险，确保稳健发展。综上所述，数字化转型的商业价值不仅体现在提高企业的效率和生产力、创造新的商业模式和收入来源、提高客户体验和服务质量等方面，还体现在增强企业竞争力、促进企业可持续发展、加强企业决策能力和风险管理等方面。因此，对于任何一家企业来说，数字化转型都是一个不可忽视的重要议题。只有紧跟数字化转型的步伐，才能在激烈的市场竞争中立于不败之地。

8.2.2 创新商业模式与策略

在数字化转型的浪潮中，创新商业模式与策略是企业取得竞争优势的关键。商业模式描述了企业如何创造价值、传递价值、获取价值，而创新商业模式则意味着重新思考和设计价值创造、传递、获得的过程，以适应数字化时代的新要求。以下是在数字化转型中常见的一些创新商业模式与策略。

（1）订阅经济模式

订阅经济模式近年来迅速崛起，许多企业开始提供基于订阅的服务，如音乐、电影、新闻、软件等。用户只需支付一定的月费或年费，就可以无限期或有限期地享受这些服务。这种模式的优点在于能够为企业带来稳定的收入流，并增强客户黏性。同时，通过收集和分析订阅数据，企业可以更深入地了解客户需求，优化产品和服务。

（2）平台化商业模式

平台化商业模式通过建立一个多边的市场平台，将不同的用户群体聚集在一起，实现供需双方的匹配和交易。例如，共享经济平台如滴滴出行、Airbnb等，通过技术手段将闲置资源与需求方联结起来，实现资源的优化配置和高效利用。这种模式能够降低交易成本，提高市场效率，并为企业创造巨大的商业价值。

（3）数据驱动模式

在数字化时代，数据已经成为一种重要的资产。数据驱动模式强调企业以数据为基础，通过收集、分析和挖掘数据来洞察市场趋势、客户需求和竞争对手动态，从而制定更加精准的营销策略和产品创新方案。数据驱动模式要求企业具备强大的数据处理和分析能力，以及基于数据驱动的决策机制。

（4）个性化定制模式

随着消费者需求的日益多样化和个性化，个性化定制模式逐渐受到企业的青睐。通过引入先进的技术手段，如人工智能、3D打印等，企业可以根据消费者的需求和偏好，提供个性化的产品和服务。这种模式能够满足消费者的个性化需求，提高客户满意度和忠诚度，同时为企业创造新的增长点。

（5）跨界融合模式

跨界融合模式强调企业打破行业界限，通过与其他行业或领域的合作与融合，创造出新的商业模式和价值。例如，互联网金融、智能家居、无人驾驶等，都是跨界融合模式的典型代表。这种模式能够为企业提供更多的创新空间和发展机会，同时也有助于推动整个社会的数字化转型。

（6）共享经济模式

共享经济模式通过利用闲置资源、提高资源利用效率来实现商业价值。例如，共享单车、共享汽车等模式，将闲置的自行车、汽车等资源进行共享，不仅满足了人们的出行需求，还降低了资源浪费和环境污染。此外，共享经济模式还可以为企业带来额外的收入来源，提高整体盈利能力。

（7）社群经济模式

社群经济模式强调企业通过建立社群来聚集具有共同兴趣、需求或价值观的用户，通过提供定制化的产品和服务来满足社群成员的需求。社群经济模式能够增强企业与用户之间的联结和互动，提高用户黏性和忠诚度。同时，通过社群数据的收集和分析，企业还可以更深入地了解用户需求和市场趋势，为未来的产品和服务创新提供依据。

（8）定制化生产模式

在数字化转型的推动下，定制化生产模式逐渐成为可能。通过引入先进的生产技术和设备，企业可以根据消费者的需求和偏好进行定制化生产，满足消费者的个性化需求。定制化生产模式不仅能够提高产品的附加值和市场竞争力，还有助于建立企业与消费者之间的紧密关系。

（9）服务化转型模式

随着市场竞争的加剧和消费者需求的升级，越来越多的企业开始将重心从产品制造转向服务提供。服务化转型模式强调企业通过提供高品质、高附加值的服务来赢得市场份额和客户信任。这种模式要求企业具备强大的服务能力与创新意识，能够为客户提供个性化的解决方案和优质的服务体验。

综上所述，创新商业模式与策略在数字化转型中扮演着举足轻重的角色。企业需要紧跟市场趋势和技术发展，不断探索、实践新的商业模式和策略，以适应数字化时代的新要求并提升竞争力。同时，企业还需要注重培养自身的创新能力和核心竞争力，为未来的发展奠定坚实的基础。

8.2.3 数字化工具在业务优化中的应用

随着数字化技术的不断发展和普及，越来越多的企业开始认识到数字化工具在业务优化中的重要作用。数字化工具不仅可以帮助企业提高生产效率和降低成本，还能够优化业务流程、增强决策能力，并为客户提供更优质的服务体验。以下是一些数字化工具在业务优化中的典型应用。

（1）自动化与机器人技术

自动化与机器人技术是企业广泛应用的数字化工具之一。通过引入自动化设备和机器人，企业可以实现生产线的自动化和智能化，减少人工干预，提高生产效率。此外，自动化与机器人技术还可以应用于仓储、物流等领域，实现库存管理和物流配送的自动化，进一步提高企业的运营效率。谈到数字化工具在业务优化中的应用，自动化与机器人技术是其中最为重要和广泛应用的工具之一。下面将详细介绍自动化与机器人技术在业务优化中的应用及优势。

自动化与机器人技术首先被广泛应用于生产线。通过引入自动化设备和机器人，企业可以实现对生产过程的自动化控制，减少人工干预，提高生产效率。这种自动化生产线可以根据预设的程序和指令，自动完成一系列的生产任务，如装配、检测、包装等。[64]除了生产线自动化外，自动化与机器人技术还广泛应用于仓储和物流领域。通过引入自动化仓储设备和机器人配送系统，企业可以实现库存管理的自动化和智能化。自动化仓储系统可以根据订单信息和库存情况，自动进行货物的存储、检索和配送，提高物流效率和准确性。另外，自动化与机器人技术还可以应用于客户服务领域。通过引入智能客服机器人，企业可以实现24小时不间断的客户服务，提高客户满意度和忠诚度。智能客服机器人可以通过自然语言处理和语音识别技术，与客户进行交互，解答客户疑问、处理订单等。

自动化与机器人技术可以显著提高生产效率。通过自动化设备和机器人的应用，企业可以减少人工操作环节，提高生产速度和准确性。同时，自动化生产线还可以实现连续生产，提高设备利用率和生产效率。自动化与机器人技术的应用还可以帮助企业降低成本。一方面，自动化设备和机器人可以替代部分人工劳动力，降低人力成本。另一方面，自动化生产可以减少生产过程中的浪费和损耗，降低原材料和能源消耗成本。自动化与机器人技术的应用还可以提高产品质量。自动化设备和机器人的精确控制和操作，可以减少人为因素对产品质量的影响。同时，自动化生产线还可以实现生产过程的监控和检测，使企业及时发现和处理潜在问题，提高产品质量稳定性。自动化与机器人技术的应用还可以帮助企业优化资源配置。通过自动化设备和机器人的灵活调度和配置，企业可以根据市场需求和生产计划，实时调整生产资源和人力投入，实现资源的优化配置和高效利用。

综上所述，自动化与机器人技术在业务优化中的应用范围广泛且效果显著。通过引入自动化设备和机器人，企业可以提高生产效率，降低成本，提高产品质量并优化资源配置。未来，随着技术的不断进步和应用场景的拓展，自动化与机器人技术将在更多领域发挥重要作用，推动企业实现数字化转型和业务优化。

（2）数据分析与人工智能技术

在数字化时代，企业面临着前所未有的挑战和机遇。为了保持竞争力，企业需要更加深入地了解市场需求、客户行为和竞争态势。数据分析与人工智能技术为企业提供了强大的工具，帮助企业洞察市场、优化业务并创新产品。

数据分析可以帮助企业收集、整理和分析大量的市场数据，从而洞察市场趋势和消费者需求。通过监测市场变化、竞争对手动态和消费者行为，企业可以预测未来市场的发展方向，并据此调整产品策略、营销策略等。通过收集和分析客户的购买记录、浏览行为、搜索关键词等数据，企业可以深入了解客户的偏好、需求和购买习惯，从而制定更加精准的营销策略，如个性化推荐、定制化产品等，提高客户满意度和忠诚度。数据分析可以帮助企业了解产品的市场表现、客户反馈，以及竞争对手的产品特点。基于这些数据，企业可以优化产品设计、改进功能、调整定价策略等，以满足市场需求并提高竞争力。

人工智能技术可以应用于客户服务领域，实现智能客服功能。通过自然语言处理、语音识别等技术，智能客服可以与客户进行交互，解答疑问、处理订单等。这不仅可以提高客户服务的效率和质量，还可以降低人力成本。智能推荐系统利用人工智能技术，根据用户的兴趣、偏好和历史行为，为用户推荐合适的产品或服务。这不仅可以提高用户的满意度和忠诚度，还可以增加企业的销售额和利润。人工智能技术可以帮助企业实现自动化决策支持。通过收集和分析大量数据，人工智能模型可以预测市场趋势、评估风险、制定策略等，为企业提供更加科学、准确的决策依据，提高决策效率和准确性。

数据分析与人工智能技术可以发挥出更大的商业价值。通过人工智能技术，企业可以更加高效地处理和分析数据，发现数据中的隐藏价值；同时也可以为人工智能模型提供更加准确、全面的数据支持，提高模型的预测能力和决策效果。虽然数据分析与人工智能技术为企业带来了巨大的商业价值，但也使企业面临着一些挑战。例如，数据隐私保护、数据质量、技术成本等问题需要企业关注和解决。同时，随着技术的不断进步和应用场景的不断拓展，数据分析和人工智能技术的商业价值将继续增长。

（3）云计算与大数据技术

云计算是一种基于互联网的新型计算模式，它将计算资源（如服务器、存储、数据库等）集中在远程数据中心，并通过网络提供给用户使用。用户无须购买和维护昂贵的硬件设备，只需按需租用云服务，即可实现高效的计算和数据存储。云计算与大数据技术为企业提供了强大的计算和存储能力，帮助企业更好地管理和分析海量数据。通过云计算平台，企业可以实现数据的集中存储和共享，提高数据的使用效率和安全性。同时，大数据技术还可以帮助企业进行数据挖掘和分析，发现数据中的隐藏价值，为企业的决策和创新提供支持。

云计算服务可以根据用户的需求自动调整计算资源，实现弹性扩展和收缩。数据存储在远程数据中心，具有高度的可靠性和容错性，可有效避免硬件故障导致的数据丢失。用户无须购买和维护昂贵的硬件设备，只需支付使用的云服务的费用，大大降低了成本。用户可以随时随地通过互联网访问云服务，实现跨地域、跨设备的协同工作。

大数据是指无法在一定时间范围内用常规软件工具进行捕捉、管理和处理的数据集合。它通常具有数据量大、增长快、类型多样、价值密度低等特点。大数据可以帮助企业实现精细化、智能化的运营管理，提高生产效率和资源利用率。大数据为企业提供了丰富的数据资源和分析工具，有助于企业发现新的商业模式、产品和服务，推动企业的创新与发展。

云计算为大数据提供了强大的计算和存储支持，而大数据技术则充分利用了云计算的资源优势，实现了对海量数据的高效处理和分析。二者结合，为企业带来了高效的数据处理、灵活的数据存储和较低的成本与运营风险。

（4）物联网与传感器技术

物联网与传感器技术为企业带来了前所未有的实时监控和数据分析能力，实现了生产过程的智能化和精细化管理。这些技术将设备与传感器紧密连接，构建了一个高度互联的生产环境，使得企业可以实时获取设备状态、工艺参数和环境变量等数据。

首先，物联网技术通过连接各种设备和传感器，形成了一个全面覆盖的生产监控网络。企业可以通过这个网络实时获取生产线上各个环节的数据，包括设备运行状态、工艺参数、物料流动情况等。这些数据通过云计算与大数据分析技术进行处理，可以帮助企业实现对生产过程的实时监控和预警。一旦设备出现故障或异常情况，系统可以立即发出报警，提醒工作人员及时处理，避免生产中断和产品质量问题。

其次，物联网与传感器技术可以帮助企业实现环境数据的收集和分析。通过在生产现场部署各种传感器，企业可以实时监测温度、湿度、压力、气体浓度等环境参数。这些数据可以反映生产环境的变化趋势，帮助企业及时发现潜在的环境问题，并采取相应的措施进行调整。同时，通过对环境数据的分析，企业还可以优化生产过程和产品设计，提高资源利用效率和产品质量。例如，企业根据环境参数的变化，可以调整设备的运行参数和工艺流程，提高生产效率和产品质量；还可以根据环境数据的分析结果，改进产品设计和材料选择，提高产品的环保性能和竞争力。

最后，物联网与传感器技术还可以帮助企业实现生产过程的自动化和智能化。通过与智能控制系统和机器人等设备的结合，企业可以实现生产过程的自动化控制和优化调度。这不仅提高了生产效率和产品质量，还降低了人工成本和人为错误率。同时，通过对生产数据的分析和挖掘，企业还可以发现生产过程中的潜在问题和优化空间，为企业的持续改进和创新提供支持。

总之，物联网与传感器技术的应用为企业实现生产过程的智能化和精细化管理提供了有力支持。通过实时监控和数据分析，企业可以及时发现和解决潜在问题，优化生产过程和产品设计，提高资源利用效率和产品质量。这将有助于企业在激烈的市场竞争中保持领先地位并实现可持续发展。

（5）数字化协作工具

数字化协作工具已成为现代企业中不可或缺的一部分，其中企业微信、钉钉等平台以其高效、便捷的特点受到了广大企业的青睐。这些工具不仅打破了传统的地域和部门限制，实现了跨部门和跨地域的团队协作与沟通，还通过一系列创新功能，极大地提升了团队的工作效率和凝聚力。

通过数字化协作工具，团队成员可以实时共享文件、图片、视频等多种格式的信息，确保信息的快速流通和准确传达。此外，这些工具还支持多人同时在线讨论，使团队成员能够针对具体问题迅速展开交流，共同寻找解决方案。这种即时的反馈和互动，不仅加快了问题的解决速度，还促进了团队成员之间的相互学习和成长。

除了实时沟通和信息共享，数字化协作工具还提供了任务分配和进度监控等功能。企业可以根据项目的需求，将任务分配给不同的团队成员，并通过工具实时跟踪任务的完成情况。这种可视化的管理方式，不仅有助于团队成员清楚地了解自己的工作职责和进度要求，也有助于管理者全面掌握项目的整体进展，从而做出更加科学、合理的决策。

数字化协作工具的应用，不仅提高了企业的运营效率，还增强了团队的凝聚力和向心力。通过共同的目标和努力，团队成员能够形成更加紧密的合作关系，共同推动企业不断向前发展。在这个快速变化的时代，数字化协作工具已成为企业不可或缺的一部分，并将继续助力企业实现更加高效、协同和创新的团队合作。

综上所述，数字化工具在业务优化中的应用范围广泛且效果显著。企业可以根据自身需求和业务特点选择合适的数字化工具进行应用，以提高生产效率、降低成本、优化业务流程、增强决策能力，并为客户提供更优质的服务体验。同时，企业还需要注重数字化人才的培养和引进，提升员工的数字化素养和技能水平，为企业的数字化转型和业务优化提供有力支持。

8.3 智慧城市：构建未来，城市因你而变

智慧城市的建设是城市发展的重要方向之一，即运用先进的信息技术和数据分析手段打造更加智能、便捷和宜居的城市环境。在智慧城市中，城市管理和服务将变得更加智能化和个性化。居民通过智能交通系统实时了解路况信息，选择最佳出行路线；城市管理者通过智能环境监测系统及时获取空气质量、噪声等环境数据，为居民提供更加健康的生活环境。此外，智慧城市还可以实现数据驱动的城市决策，提高政府治理效率和公共服务水平，为居民创造更加美好的生活体验。

8.3.1 智慧城市建设背景及概况

智慧城市建设是对传统城市发展模式的深刻革新，也是中国推动区域创新发展的一项重大战略举措。自20世纪90年代后期起，西方国家逐渐面临"城市病"的挑战。为探索新的发展路径，智慧城市的概念被提出。这一创新理念迅速获得了世界各国的广泛关注和积极响应。为了应对日益严峻的城市发展问题，韩国、新加坡、美国、日本等发达国家纷纷制订并实施了各自的智慧城市建设计划。2004年，韩国率先提出了"U-Korea"智慧城市战略，旨在通过信息通信技术的广泛应用，实现城市的智能化和高效管理。随后，新加坡于2006年制订了"智慧国2015"计划。美国则在2009年建立了第一个智慧城市。日本也不甘落后，提出了"i-Japan战略2015"智慧城市建设计划。[65]

近年来，中国也积极加入智慧城市建设的全球浪潮。2012年，中国正式启动国家智慧城市试点工作，首批确定了90个国家智慧城市试点地区。随着试点工作的深入推进，2013年和2015年，中国继续扩大试点范围，分别设立了103个和97个新的试点地区。这些举措充分展示了中国对智慧城市建设的高度重视和坚定决心。

智慧城市建设作为构建数字中国的基本单元，对于中国经济社会的各个方面都

将产生深远影响。在 2021 年的全国两会上，智慧城市建设议题备受关注，成为热议的焦点之一。根据《中华人民共和国国民经济和社会发展第十四个五年规划和 2035 年远景目标纲要》的核心内容，中国将坚定不移地推进数字中国建设，而智慧城市建设则是其中的重要组成部分。智慧城市建设的本质是基于社会科技进步的重大创新，它通过运用物联网、人工智能等先进技术，实时监测城市的动态发展，将物理世界的城市映射到数字世界。通过云计算、大数据等手段对城市数据进行整合和分析，可以把握城市运行的内在规律，并通过物联网反作用于物理世界，实现对城市资源的高效配置。这种创新模式不仅有助于提升城市治理水平，还能推动城市实现高质量发展。

因此，智慧城市建设是在传统城市发展基础上的一种综合创新模式，它是经济社会发展迈上创新驱动阶段的一个重要标志。通过实施智慧城市建设，我们可以有效应对城市发展中面临的挑战，提升城市的竞争力和可持续发展能力，为构建更加美好的城市生活奠定坚实的基础。同时，智慧城市建设也需要我们不断探索和创新，充分发挥科技的力量，为城市的未来发展注入新的活力和动力。

8.3.2 智能化城市管理与服务

随着科技的快速发展，智慧城市的建设已经成为推动城市发展的重要动力。智能化城市管理与服务作为智慧城市的核心组成部分，通过运用先进的信息技术和数据分析手段，极大地提升了城市管理的效率和居民的生活质量。

在智能化城市管理与服务方面，杭州是一个典型案例。杭州通过"城市大脑"项目，将大数据、云计算、人工智能等技术与城市管理和服务相结合，为居民提供了更加便捷和个性化的服务。例如，在交通出行方面，杭州的智能交通系统可以实时监测路况信息，为居民推荐最佳出行路线，并提供实时公交到站时间、出租车预约等服务。在公共服务方面，杭州通过数据分析和预测，实现了对教育、医疗等资源的合理分配和高效利用，提高了公共服务的质量和效率。

杭州"城市大脑"项目是在全球信息化、智能化的大背景下应运而生的。该项目以大数据为基础，通过云计算和人工智能等技术手段，实现对城市各领域的实时监控、预测和决策，从而提升城市管理的智能化水平，优化公共服务，提高居民生活质量。2016 年 4 月，王坚院士首次向杭州市提出并实践了"城市大脑"的先进概念。他担任杭州"城市大脑"的总架构师和中枢系统的建设者，引领了城市智能化的新潮流。自那时起，杭州"城市大脑"的建设已经走过了多个阶段，按照建设时间划分，可分为项目建构阶段（2016年4月至12月）、项目运行阶段（2017年1月至2018年4月）、项目拓展阶段（2018年5月至12月）和项目完善阶段（2019年1月之后）。这些阶段性的进展标志着杭州"城市大脑"建设的不断深化和完善。[66]

该项目由杭州市政府主导，联合阿里等互联网企业共同推进。通过整合政府、企业和社会各界的资源，杭州"城市大脑"项目在交通、教育、医疗等多个领域取得了显著成果。按照建设成效划分，杭州"城市大脑"的建设可分为经验积累阶段、治理体系搭建阶段和治理体系形成阶段。其中，2018年底杭州"城市大脑"综合版的正式发布标志着治理体系搭建阶段的完成，而2020年"亲清在线"平台的推出则标志着治理体系形成阶段的到来。这些标志性的成果充分展示了杭州"城市大脑"在提升城市治理水平和推动智能化发展方面的显著成效。

在治理成效方面，杭州"城市大脑"的建设可以分为数字治堵、数字治城和数字治疫。交通拥堵是城市发展中普遍面临的问题。在交通管理方面，杭州"城市大脑"项目通过智能交通系统，实时监测路况信息，为居民提供最佳出行路线建议。"城市大脑"项目利用大数据和人工智能技术，对交通流量、事故发生率等数据进行深入分析，为交通管理部门提供决策支持。这不仅有助于优化交通信号灯的时序，减少交通拥堵，还能提高交通事故的处理效率。此外，该系统还提供实时公交到站时间查询、出租车预约等功能，大大提高了居民的出行效率。"城市大脑"项目通过推出交通延误指数等措施，实现了数字治堵的目标；通过涵盖11个重点领域、48个应用场景和155个数字驾驶舱的建设，实现了数字治城的目标；通过首创杭州健康码、企业复工复产数字平台、"亲清在线"和"读地云"等措施，实现了数字治疫的目标。这些创新性的举措不仅提升了城市治理的效率和水平，也为市民和企业提供了更加便捷、高效的服务。杭州"城市大脑"项目还通过数据分析和预测，实现了对教育、医疗等公共资源的合理分配与高效利用。在教育领域，通过分析学生入学率、师资力量等数据，"城市大脑"项目为教育部门提供决策依据，优化学校布局和教育资源配置。在医疗领域，"城市大脑"项目通过对患者就诊量、病种分布等数据的分析，帮助医疗机构合理调配医疗资源，提高医疗服务的质量和效率。

此外，杭州"城市大脑"项目还推动了公共服务的个性化。通过收集和分析居民的行为和需求数据，政府可以更加精准地提供个性化的公共服务。例如，根据居民的健康状况和需求，为他们推荐合适的健身活动和健康食品；根据居民的职业和兴趣爱好，为他们提供个性化的文化活动和培训课程等。

　　在杭州"城市大脑"的建设过程中，技术体系、治理体系及市场体系三部分相互支撑、相互促进。其中，技术体系的中枢系统是"城市大脑"的核心，它具备强大的计算能力，并通过打造一个开放的系统，整合全域各类数据，打通系统之间的壁垒，实现数据、业务和政企协同。这一开放系统的建立，不仅促进了数据资源的共享和利用，也推动了城市治理的现代化和智能化。

　　通过一系列的创新和实践，杭州"城市大脑"已经成为城市智能化发展的典范之一。它不仅提升了城市治理的效率和水平，也为市民和企业提供了更加便捷、高效的服务。同时，杭州"城市大脑"的建设也为其他城市提供了可借鉴的经验和启示，为推动全球城市智能化发展做出了重要贡献。

　　然而，城市变革是一个复杂而漫长的过程，不仅要求解决旧问题，还需应对新挑战。杭州"城市大脑"的实践虽然初显成效，但在技术支持、系统构建和具体内涵等方面，仍处在不断探索和完善的阶段。[67]杭州"城市大脑"的高度智能化特性，决定了其系统构建的复杂性，这需要庞大的资金支持和尖端技术的不断迭代更新。目前，支撑"城市大脑"发展的技术尚未完全成熟，这对其进一步推广和应用构成了一定的挑战。

　　政府各部门间职能交叉、利益重叠和权责不清等问题，也影响了"城市大脑"建设的进度。实现真正的跨部门、跨领域融合，构建综合性的"城市大脑"，需要克服行业壁垒，推动各领域的共融互通。然而，当前的制度化建设和标准化研究尚不完善，这限制了"城市大脑"的整体效能和进一步发展。

　　在数据安全方面，杭州"城市大脑"已经出台了一系列标准规范体系，如《信息安全管理保障体系》《数据资源标准规范》《数据质量管理规范》《公开数据开放标准》等，以确保政府和"城市大脑"参与者不滥用和泄露隐私数据。然而，对于"数据隐私"问题的宣传和讨论仍显不足，居民对数据隐私的认知和保护意识也有待加强。例如，2021年工业和信息化部信息通信管理局发布的关于杭州金投互联科技有限公司违规收集个人信息的通报，凸显了数据隐私保护的重要性。

　　因此，杭州"城市大脑"建设在下一阶段应更加注重建立"政府—城市—居民"之间互动规范的生态环境。这包括加强数据隐私保护的宣传和教育，完善数据安全和隐私保护的法律法规，以及推动政府、企业和公众之间的合作与协同。通过这些措施，可以推动杭州"城市大脑"建设的健康发展，为城市的智能化和可持续发展提供有力支撑。

总体而言，杭州"城市大脑"项目作为智能化城市服务的典范，展示了大数据、云计算、人工智能等技术在城市管理和服务领域的巨大潜力。通过该项目的成功实践，我们不仅可以看到智能化城市服务为居民带来的便捷和高效，也能看到政府在推动城市智能化发展方面的决心和行动。未来，随着技术的不断进步和应用领域的不断拓展，智能化城市服务将成为城市发展的重要趋势和方向。同时，我们也需要关注并解决智能化城市服务中可能出现的问题和挑战，如数据隐私保护、技术更新迭代等。通过持续创新和完善，智能化城市服务将为居民带来更加美好和可持续的城市生活体验。

8.3.3 个性化城市体验与互动

随着信息技术的飞速发展，城市已经不再是单纯的物理空间，而是一个融合了多元数据、信息和智能技术的复杂系统。在这样的背景下，个性化城市体验与互动成为城市发展的重要趋势。个性化城市体验强调的是以人的需求为中心，通过技术手段提供定制化的服务，而互动则强调城市各元素之间的连接与协作，使城市更加智能、高效和富有活力。

（1）个性化城市体验

个性化城市体验的意义首先在于满足多元化需求。个性化城市体验的核心是以人为本，通过技术手段分析个体的需求和偏好，提供定制化的服务。这不仅可以满足居民的多元化需求，提高生活质量，还有助于推动城市的可持续发展。实现个性化城市体验需要依托先进的技术手段，如大数据、云计算、人工智能等。这些技术的应用不仅可以推动城市的技术创新，还可以为城市的发展提供强大的技术支持。个性化城市体验能够吸引更多的人才和企业，推动城市的经济发展。同时，这种体验也能够增强居民对城市的归属感和满意度，提升城市的品牌形象和竞争力。

城市作为一个多维度的交流网络系统，由地理网络、信息网络和意义网络相互交织而成。在这个复杂而丰富的网络中，城市 IP（intellectual property, 知识产权）作为一个独特的身份标签，悬浮于多重网络之上。它不仅是一种新的城市记忆存储载体，更是一种能够唤起深厚情感的装置。进入数字媒体时代，移动短视频在城市影像实践中异军突起，凭借其直观、生动和互动性强的特点，成为当前建构城市 IP 的重要媒介手段。在这些短视频平台上，海量且多样的城市主题文化景观为我们提供了全新的视角和感知方式，使我们能够更加深入地体验和理解城市。[68]

以淄博烧烤为例，这个独特的城市 IP 通过短视频平台迅速走红，成为全国乃至全球关注的焦点。淄博烧烤不仅仅是一种美食，更是一种文化的象征，展示了淄博这座城市的独特魅力和深厚底蕴。通过短视频的传播，淄博烧烤成为人们与这座城市互动的新方式，也成为人们理解和感知这座城市的新途径。

短视频的出现，不仅改变了我们感知和体验城市的情景与方式，更重构了人们与城市的互动关系和意义框架。在这个新的媒介环境下，城市 IP 的建构和传播变得更加多样化和复杂化。而淄博烧烤作为一个成功的城市 IP 案例，为我们提供了宝贵的经验和启示，帮助我们更加深入地思考城市 IP 在数字媒体时代的重要性和价值。

（2）城市互动

共享经济是城市互动的典型代表之一。通过平台化、网络化的方式，共享经济可以实现资源的共享利用。这种模式不仅方便了居民的生活，还有助于提高资源的利用效率，减少浪费。共享经济，作为城市互动的一个典型代表，已经逐渐渗透到我们生活的方方面面。它借助先进的平台化、网络化技术，对原本分散、闲置的资源进行有效整合和共享，从而实现资源的高效利用，为居民提供更加便捷、经济的生活方式。

以共享单车为例，这种共享经济模式通过在城市中投放大量共享单车，让居民在需要时可以随时使用，而无须担心停车、保养等问题。共享单车不仅解决了居民"最后一公里"的出行问题，还减少了私家车的使用，从而降低了城市交通拥堵和空气污染。此外，共享单车还通过大数据、人工智能等技术手段，对用户的骑行行为进行分析和优化，进一步提高了用户骑行体验和资源利用效率。除了共享单车，共享汽车也是共享经济在城市出行领域的一大创新。通过共享汽车平台，市民可以在需要时租用汽车，而无须购买和维护。这不仅降低了市民的出行成本，还有助于减少城市私家车数量，缓解交通压力。同时，共享汽车平台还可以通过对汽车使用数据的分析，优化车辆调度和路线规划，进一步提高资源利用效率。

在住宿领域，共享住宿模式也受到了越来越多居民的青睐。通过在线平台，居民可以将自己的闲置房间或整套房屋出租给有需求的旅客，实现资源的共享利用。这种模式不仅为旅客提供了更加多样化、个性化的住宿选择，还为房东带来了额外收入。同时，共享住宿还有助于促进城市旅游业的发展，推动城市经济的繁荣。除了出行和住宿领域，共享经济还涉及办公、教育、医疗等多个领域。例如，共享办公空间为初创企业和自由职业者提供了低成本、高效率的办公环境；在线教育平台让更多人能够享受到优质的教育资源；共享医疗设备则有助于缓解医疗资源紧张的问题，提高医疗服务水平。

共享经济模式的兴起，不仅改变了我们的生活方式和消费观念，还对城市发展产生了深远的影响。它促进了城市资源的优化配置和高效利用，提高了城市的可持续发展能力。同时，共享经济还带动了相关产业的发展和创新，为城市经济注入了新的活力。然而，共享经济也面临着一些挑战和问题。例如，如何保障用户权益和安全，如何平衡各方利益，如何实现可持续发展，等等。这些问题需要政府、企业和用户共同努力来解决。政府需要制定和完善相关法规和政策，加强对共享经济的监管和引导；企业需要不断创新和完善服务模式，提高服务质量和效率；用户则需要提高自我保护意识，合理使用共享资源。

个性化城市体验与互动是相互促进、相互依存、相互赋能的关系。个性化城市体验需要通过城市互动来实现资源的共享和优化配置，而城市互动则需要以个性化需求为导向，提供更加精准和高效的服务。未来，随着技术的不断进步和应用的不断深入，个性化城市体验与互动将更加紧密地融合在一起，共同推动城市的智能化、高效化和可持续发展。个性化城市体验与互动是城市发展的重要趋势和方向。通过满足多元化需求、促进技术创新与应用、提升城市竞争力等方式，个性化城市体验可以为居民带来更好的生活质量和更强的城市归属感；而通过提升城市活力、促进资源共享、增强社会凝聚力等方式，城市互动可以推动城市的可持续发展和社会和谐共荣。

本章课件

[1]　王斌. 谈谈政府在市场经济中的作用 [J]. 经济论坛，2005（14）：8-9.

[2]　新华社. 中央经济工作会议在北京举行 [N]. 人民日报，2018-12-22（1）.

[3]　吕钟正. 为数字经济塑造良好发展格局 [N]. 人民日报，2024-01-04（11）.

[4]　高云飞. 人类胚胎基因编辑的伦理反思及对策建议 [D]. 武汉：华中科技大学，2022.

[5]　尹思源，汪子旭. 2023 年十大新兴技术出炉 生成式人工智能在列 [N]. 经济参考报，
2023-06-28（2）.

[6]　郑小红. 报告显示：2025 年中国将拥有全球最大的数据圈 [N/OL]. 中国新闻网，
2019-03-01[2024-01-26]. https://www.chinanews.com/it/2019/03-01/8768345.
shtml.

[7]　方晓晖，郭鸿儒，刘冲，等. 数字基础设施如何助力企业数字化转型？——来自企
业业绩说明会的证据 [J]. 产经评论，2023，14（5）：61-81.

[8]　陈海波. 云计算平台可信性增强技术的研究 [D]. 上海：复旦大学，2008.

[9]　李滕. 2022 年云计算的发展趋势 [J]. 计算机与网络，2021，47（24）：41.

[10]　唐晓乐，刘欢，詹璐遥. 数字经济与创新管理实务研究 [M]. 长春：吉林人民出版
社，2021.

[11]　袁正光. 数字革命：一场新的经济战——世界数字技术发展的趋势及我们的对策 [J].
自然辩证法研究，1994，10（4）：1-7.

[12]　刘雷. 数字经济的概念及发展问题对策探讨 [J]. 北方经贸，2020（11）：38-40.

[13]　中国信息通信研究院. 中国数字经济发展白皮书（2020 年）[R/OL].（2020-07-01）
[2023-01-05]. http://www.aii-alliance.org/upload/202007/0713_140554_839.pdf.

[14]　吴先锋，白玉娇. 基于技术演进视角的数字经济特征与发展策略 [J]. 兰州财经大学
学报，2023，39（1）：49-56.

[15]　国务院."十四五"数字经济发展规划 [EB/OL].（2022-01-12）[2024-02-01].
https://www.gov.cn/gongbao/content/2022/content_5671108.htm?eqid=8776104300000
c760000000664564e72.

[16] 经晓萃. 构建新动能——数字经济发展成热点 [J]. 服务外包，2022（9）：52-53.

[17] 石雷，樊玉琦，胡学钢，等. 新工科建设背景下基于低代码开发平台的软件工具与环境课程教学 [J]. 计算机教育，2022（4）：115-119.

[18] BOSTROM N. Superintelligence: Paths, Dangers, Strategies [M]. New York: Oxford University Press, 2014: 105-113.

[19] 刘政，郑易平. 区块链赋能智慧城市数字化治理研究 [J]. 江南论坛，2023（10）：60-65.

[20] 黄可，李雄，袁晟，等. 区块链中的公钥密码：设计、分析、密评与展望 [J]. 计算机学报，2024，47（3）：491-524.

[21] Siddiqui S T, Khan H, Alam M I et al. A systematic review of the future of education in perspective of block chain [J]. Journal of Mobile Multimedia, 2023, 19(5): 1221-1254.

[22] Saraswat B, Kumar A, Sharma S et al. Health chain-block chain based electronic healthcare record system with access and permission management [J]. Measurement: Sensors, 2023, 30: 100903.

[23] 何蒲，于戈，张岩峰，等. 区块链技术与应用前瞻综述 [J]. 计算机科学，2017，44（4）：1-7，15.

[24] 张华金. 哲学的智慧 [M]. 上海：上海社会科学院出版社，2009.

[25] 姜金致，曹恩国. 数据驱动的在线消费用户需求分析研究 [J]. 设计，2023，36（22）：107-111.

[26] 金歆. 第53次《中国互联网络发展状况统计报告》发布 互联网激发经济社会向"新"力（大数据观察）[N]. 人民日报，2024-03-23（5）.

[27] 吴苗苗，韩云，古怡. 数字化时代背景下线上虚拟试衣发展现状与用户需求分析 [J]. 山东纺织科技，2022，63（3）：30-33.

[28] 丁少华. 建模：数字化转型思维 [M]. 北京：机械工业出版社，2022.

[29] 赵利利. 概念图在小学信息科技项目化学习中的实践应用 [J]. 新教育，2023（S2）：89-91.

[30] 王晓琪. 思维可视化工具促进初中信息技术学科高阶思维发展的应用研究 [D]. 福州：福建师范大学，2021.

[31] 卢彦宇. 基于数字化思维的客户风险管控思路 [J]. 现代企业，2020（4）：19-20.

[32] 任保平，赵通. 发展数字经济培育高质量发展新动能 [N]. 光明日报，2019-03-01（6）.

[33] 任保平，李培伟.以数字经济和实体经济深度融合推进新型工业化[J].东北财经大学学报，2023（6）：3-13.

[34] 田涛.听你听我——数字化思维的改变[J].软件世界，1999（3）：124-125.

[35] 潘应和.试论广播技术人员的数字化思维[J].广播与电视技术，2002（7）：76-77，80-81.

[36] 俞传飞.布尔逻辑与数字化思维——试论数字化条件下建筑设计思维特征的转化[J].新建筑，2005（3）：50-52.

[37] 胡春才.数字化思维是推进零售企业信息化的前提[J].信息与电脑，2012（1）：17-18.

[38] 爱迪思.企业生命周期[M].赵睿，译.北京：华夏出版社，2004.

[39] Zott C, Amit R, Massa L. The business model: Recent developments and future research [J]. Journal of Management, 2011, 37(4): 1019-1042.

[40] 王涛.打破容器思维拥抱数字时代——浅谈传统出版行业数字化转型中的模式变革[J].出版参考，2018（7）：42-43.

[41] 苏敬勤，张帅，马欢欢，等.技术嵌入与数字化商业模式创新——基于飞贷金融科技的案例研究[J].管理评论，2021，33（11）：121-134.

[42] 云乐鑫，徐海卿.数字化转型企业如何实现商业模式创新？——基于资源编排视角[J].财会通讯，2023（22）：142-150.

[43] 尹西明，王新悦，陈劲，等.贝壳找房：自我颠覆的整合式创新引领产业数字化[J].清华管理评论，2021（1）：118-128.

[44] 谭瑾，梁俊红，王海峰，等.数字化商业服务研究与实践[J].中国石油企业，2022（12）：77-82.

[45] 潘亮，陈磊.华为业绩明显回暖有何招数[N].羊城晚报，2023-08-17（A9）.

[46] 白京羽，郭建民.《"十四五"数字经济发展规划》解读｜把握推进数字经济健康发展"四梁八柱"做强做优做大我国数字经济[EB/OL].（2022-01-21）[2023-06-01].https://www.ndrc.gov.cn/xxgk/jd/jd/202201/t20220121_1312599.html.

[47] 郭诗蕾.基于互联网思维的企业经营管理数字化转型研究[J].商场现代化，2023（22）：135-137.

[48] 李松泽，叶坤明.数字化转型背景下企业管理创新与转型策略研究[J].企业改革与管理，2023（7）：26-27.

[49] 何斌，赵楠，何琴清，等.管理模式转型视角的数字化管理适应性变革研究——以

字节跳动为例[J]. 北京交通大学学报（社会科学版），2022，21（2）：29-36.

[50] 陈雪频. 在数字化时代，如何制定数字化战略？ [J]. 上海国资，2021（7）：82-85.

[51] 中国信息通信研究院. 全球数字经济白皮书[R/OL].（2022-12-01）[2023-08-16]. http://www.caict.ac.cn/english/research/whitepapers/202303/P020230316619916462600. pdf.

[52] 高增安，廖民超，张贵科. 后疫情时代银行数字化转型的机遇、挑战与策略[J]. 现代管理科学，2021（3）：103-112.

[53] 杨富云. 我国中小企业数字化战略转型发展方向研究[J]. 全国流通经济，2021（36）：58-60.

[54] 刘佳骏，李晓华. 中国制造业对外直接投资对产业链现代化的影响及应对[J]. 经济纵横，2021（12）：58-66.

[55] 刘宝存，商润泽. 以数字化赋能高等教育现代化——数智时代我国高等教育数字化转型战略透视[J]. 教育文化论坛，2023，15（6）：1-10.

[56] 阿里成立"五新"战略执行委员会[J]. 领导决策信息，2017（28）：11.

[57] 杨金花，黄茜，谭慧慧，等. 基于"互联网+"的现代企业经济管理创新模式分析——以阿里巴巴集团为例[J]. 商场现代化，2024（1）：142-144.

[58] 庄文静. 消费降级背景下，制造业该如何应对？ [EB/OL].（2023-11-24）[2024-02-11]. https：//www.sohu.com/a/738757919_380874.

[59] 王国成. 数字化如何影响决策行为[J]. 经济与管理，2021，35（5）：26-34.

[60] 北京智能交通系统：打造智慧出行新时代[EB/OL].（2023-11-24）[2023-09-13]. http://www.bjxbc.cc/index.php?m=home&c=View&a=index&aid=287.

[61] 曹政. 为智慧城市、智能交通领域各个场景提供网络支持 北京布局建设超高速无线专网[N]. 北京日报，2023-08-23（6）.

[62] 杨森，张闻强. 基于物联网技术的智能家居场景设计[J]. 物联网技术，2024，14（2）：137-139.

[63] 罗毅. 物联网技术发展下的智能家居产品设计趋势[J]. 鞋类工艺与设计，2023，3（24）：139-141.

[64] 徐扬生，阎镜予. 机器人技术的新进展[J]. 集成技术，2012，1（1）：2-5.

[65] 姚璐，王书华，范瑞. 智慧城市试点政策的创新效应研究[J]. 经济与管理研究，2023，44（2）：94-111.

[66] 李天星. 基于数字商业生态系统的城市治理——以杭州城市大脑为例[J]. 城市与区域规划研究，2023，15（1）：129-142.

[67] 陈云. 杭州"城市大脑"的治理模式创新与实践启示[J]. 国家治理，2021（17）：16-21.

[68] 李姝慧. 体验城市：移动短视频建构城市IP的互动仪式与媒介逻辑[J]. 视听界，2023（4）：20-24，35.